时间里的中国人

[法]柯思婷·佳玥 著

吴泓缈 译

Chinese Copyright © 2020 by SDX Joint Publishing Company.
All Rights Reserved.
本作品中文版权由生活·读书·新知三联书店所有。
未经许可,不得翻印。

图书在版编目(CIP)数据

时间里的中国人/(法)柯思婷·佳玥著;吴泓缈译.—北京:生活·读书·新知三联书店,2020.9 (2025.1重印)
ISBN 978-7-108-06895-8

Ⅰ.①时… Ⅱ.①柯… ②吴… Ⅲ.①时间哲学-研究-中国 Ⅳ.① B016.9

中国版本图书馆 CIP 数据核字(2020)第 131662 号

责任编辑	王 竞
装帧设计	鲁明静
责任校对	龚黔兰
责任印制	卢 岳
出版发行	生活·讀書·新知 三联书店
	(北京市东城区美术馆东街22号 100010)
网 址	www.sdxjpc.com
经 销	新华书店
印 刷	天津裕同印刷有限公司
版 次	2020年9月北京第1版
	2025年1月北京第4次印刷
开 本	787毫米×1092毫米 1/32 印张 7.25
字 数	118千字 图10幅
印 数	10,001-12,000 册
定 价	49.00元

(印装查询:01064002715;邮购查询:01084010542)

感谢吴建民大使

与您的一次次相处，我受益良多

您让我领略到

中国人关于时间的智慧

中文版序

在中国生活的每一天,都在提醒我一个带有根本性的真知:生命的核心问题,是时间。与时共进,该疾时疾,该缓时缓,有耐心,待机而动,这态度构成了生活成功的条件。自开始学说普通话,我就注意到中国人所特有的那种表达方式(同时也是中国人的思维方式和生活方式),以及节奏在他们工作、生活中的重要性。有些说法,中国人自己甚至不再有感,因为那已经成为他们日常生活的一部分:"慢吃","慢走","不着急",避免蛮干,化时间为盟友,一种面向时间的大智慧。正是因为中国,也是一个人人皆匆匆的中国,我与时间成了朋友,时间变成了游戏的伙伴。在西方,时间更像是一个步步紧逼的外敌,让人避无可避。时间在西方始终是个大问题,或因有缺,或因过剩(如失业、生病);时间病无人可免,不分长幼,不分阶层。一个最明显的病症,就是"没空"。法国人的口头禅就是时间不够,生活节奏呈指数级增长,信息超量。每当我从北京回巴黎想见见朋友或同事,遇到的第一个反应总是：日程排满了，直到下个月都"没空"。他们埋怨说："怎么不早点呼我？"怎么就"没空"了呢？因为工作、家庭还是朋友？非也。只是为时间所拘，时间似枷锁，压缩了我们的视界，限制了我们的适应力，弱化了我们的雄心壮志。时间在西方社会已经成为一个大问题，我们忘却了早先观天时的农耕观，遗失了季节、星期的含义，还有收获的时光。工业革命生成了一种横向时间观：对时间须细分规划，尽量挤压，使一切都获得加速效果。我们都知道工业化的时间观与生活其实没有多大关系，人生际遇与工厂的流水线组织方式无丝毫相通之处。卓别林在电影《摩登时代》中就已对西方世界拉响了警铃，人变为机器，生活乃至整个人生都被机械化了。观众或一笑了之，或也有较真儿的，但都为时已晚，驶往"机械时间"的车轮已经滚滚碾过。时间失去了其精神内核，成为多个"参数"中的一个，我们在做决策或推理时需要考虑的参数之一。据说人生之精要，乃养心之灵动：随太极卦变、打坐入定、习练书法或静观远山；但所有这些，我们已经听不进去了。恰恰相反，我们偏爱高铁模式，只知一味追求速度；失去的则是对未来的信心——我们在启蒙时代所获得的信心。快了还要更快，尽量少用时，永远那么急躁，对所有人生问题只会给出机械答案。

这就是正在让西方痛苦不堪的时间病：省时间，费时间，唯独不会从集体的、纵向的、感性的维度上来体悟时间。中国给了我全新的感悟，让我有可能用另一种方式来与时间对话，用另一种方式来经营生命的时间。

在北京，无人不忙，但他们又总能挤出时间来与你聚会或聚餐，哪怕你最后一分钟才约他。若是中国人约的你，那么他那阵儿所有时间就几乎全是你的了。这种待客的尽心尽意，总让我感动莫名。中国人的时间不像是"内衣"，属于个人财产，而像是"礼品"，在人需要时赠予。在家中一如在工作中，对不期而至的事，他们都会极灵活地应对之。我以为，虚时以待，与传统文化的核心价值相关，这个核心价值就是"好客"。今天的中国人，更愿意将客人请去餐厅而不是请回家里；即便如此，在他们的待客之道中仍然保留着一种极强的"好客"倾向：舍得花费"个人时间"，让远方来客宾至如归。这种在分配时间上的慷慨，只能存于这样一类文化，即时间被看作是一种取之不尽、用之不竭的资源，随用随有——这完全不是西方人的观点，西方人反复念叨的是："我没时间可浪费。"

今天的中国人和西方人，戴同样的手表，用同样的日历、同样的数码工具，但时间观却大不相同。中国人觉得我们慢,因为我们的反应的确没有他们快;我们也曾有等他们等得不耐烦的时候,因为实在无法弄懂他们做个决定为什么就那么拖沓。两种不同的时间文化,摆上桌面的话,我们还能挑出种种的无法沟通和无法理解。其中有哲学、历史和社会的原因,各自形成了对时间的不同体验;如果我们认可这一间距,有些误解和冲突便有可能化为真正合作的契机。在本书里,时间并不是一个科学的或哲学的概念,而是被当作一种文化观,一种镌刻在一个文明集体记忆里的表征系统,这表征系统借助象征符号、礼仪和习俗进行展现。在法国,用餐前的礼貌用语是"祝您胃口好",中国人的说法却是"请您慢用",两句话要表达的都是对对方的关心,但其背后对共进餐的方式却有着不同期许。西方文化关注的是度量和占有时间,中国人的想象与香火有关:香渐渐地燃,弥漫馥郁,沁人心脾。

中国民间文化在与时间相处的问题上有着极高的智慧。诚然,数字化和城市化对之产生了很大的冲击,但却并未使之弱化,因为这文化传自先哲,润物细无声,早已成为中国人的基因编码,例如所有中国人都熟知那个关于宋人的哲学寓言:拔苗助长。然而,回头看看那些大城市里的匆匆过客,唯恐落人后,唯恐输在起跑线上，他们其中的某些人不就是通过拔苗助长而获得巨大成功的吗？中国会忘掉自己的农耕智慧吗？反正我不信。首先，按两下鼠标，不可能删净一个存在了几千年的文明，在催促快速发展的鼓声中，依然存在着一个与时间和谐相处的意识。这意识坚信，唯有与时间为友而不是与时间为敌我们才可能取得最终的胜利，她坚信数千年的文明任重道远，岂容急功近利？作为和平主义战略家，中国人对时间不抵不抗，与之共舞，恰如在晚上的广场上。那是集体共舞的时间，节奏齐整的时间，人人都可参与，是民间的体操，也是有利于消化的活动。

在中国生活，我在时间安排上也学会了留空，留出更多的空来给惊喜、给不期而遇的邂逅。这"空"不是虚空之"空"，哲学术语谓之"可能"，物理学术语谓之"空间"，音乐术语谓之"节奏"。确定日程安排，与其说我是在设计自己的种种计划，还不如说是在考虑他人给出的一个个提议，这便是我身体力行的真正的"好客之道"。时间被用来迎新而不是被用来守矩，活而不僵，这远比法式时间安排要难，因为在我们的安排中，一切都至少要在一个月前被预定、被编程、被应诺必定执行。比如说我明天就可以离京去外地，去赴一个重要约会，或腾出时间来陪伴未预约的客人参观"艺术8"的一个画展。不期而遇并不必然导致紧张，万事万物谁优先从来就不是一成不变的：微信上打个招呼，想面谈，于是相约。一个始终准备应变的文化，起初也曾让我觉得好累，因为我有些死板，拒绝理解自己也应该灵动一点，如在充满了突变和惊喜的水中窜动的鱼一般。时间里的中国人，耐心且灵动，这两个优点，是 21 世纪的人不可或缺的。

　　最后，感谢我的朋友吴泓缈教授诚挚的友谊和无可替代的帮助。感谢我的编辑王竞女士的敬业和支持。是你们，使本书的中文版成为可能。

佳　玥

于法国普罗旺斯

目　录

引言 / 〇〇一

时间总是不够

一

跑个不停 / 〇一一

　唯恐错过

　进入无限

　流水与赛跑

　静观

二

西方的时间是"僵死"的 / 〇一八

　时间，纵向还是横向？

　时间只为被简化或被预测而存在吗？

　那么就放缓脚步？

　从单一到多样

三

在场的质与量 / 〇二八

　进入当下

　虚拟联系有可能不是一个诱饵吗？

　要持久还是要强烈？

　走出名利场

　从量过渡到质的方法

四

为什么会不耐心？ / 〇三九

　不愿再等

　人无耐心则眼盲

　即兴发挥

　等待加关注

五

时间面前人人平等？ / 〇四六

　谁等谁？

　数字化时代的时间伦理

六

"放下！说时容易做时难……" / 〇五三

　到底放下什么？

　观察与体验

　如何"看"世界？

润物细无声：中国人的时间观

一
时间可两用 / 〇八六
时间是空，时间是满
不受迫于时间
只规划不预测的艺术

二
与人相处的时间 / 〇九三
迂回术
预热术
造势术

三
播种与拔苗 / 一〇〇
播什么种？
不拔苗助长

四
准时的艺术 / 一〇四
虚"时"以待
赶时失其珍

七
毁人的时间 / 〇六〇
意向性时间
延续长一点……
中国式整容

八
盗时间 / 〇六七
撬动时间
宽恕的时间

九
这一章只占你两分钟 / 〇七〇
一书读经年
质、量不分，文化终结

十
做事要快 / 〇七七
中国人为什么这么急？
急匆匆还是兴冲冲？
伊卡洛斯的飞升

五

给自己自由 / 一〇七

薛运达有"空"

工具乃"器",非思维方式

数字化时间和人的时间并行不悖

六

蓝医生的银针 / 一一三

孔子不言

自然时间

过渡时间

身体的时间

医者慈心

七

理性眠,蝴蝶生 / 一二〇

做梦浪费时间?

脱脂的当下

睡足睡好

八

一时间创造,一时间蜕变 / 一二六

转化的时间

人的时间

言说的时间与静默的时间

九

中国人的灵活性 / 一三四

天时与人和

局促与放松

灵动难捕……

"时机"

锚地

十

一炷香的工夫 / 一四三

过去比现在更易造成分裂

连续性之棱镜

中国时间是能量

深化的时间

一
为何要深化? / 一五四
 怀旧考验
 深化是爱之举

二
文化的时间 / 一五九
 "这就是我们的世界"
 相对化
 居于时
 传薪火

三
偷闲之必要 / 一七〇
 赞美闲暇时光
 养成习惯

四
看的时间 / 一七四
 参与世界
 选择丰饶的生活

五
情的时间 / 一七九
 普鲁斯特的病
 父亲的时间

六
付出的时间 / 一八七

七
我有两个未来 / 一九〇
 去马蒂斯画中找灵感
 幻相无相

八
向流逝的时间祈祷 / 一九六

九
倦鸟恋巢、及时行乐或满腔热血 / 一九八

结语 / 二〇三

引　言

我们患了时间病，已然很久。时间在后边催，时间在前边跑，它让人焦躁而无奈；继而戛然止，大限临。我们抱怨时间跑得太快，却又无时无刻不在利用之。或活在当下，或活在过去，眼前立着无数的屏，很难看得远。我们忧心忡忡，为了地球的未来，为了孩子的未来。我们设计出种种发展规划，努力与时间合拍，企望参透禅意，学会放手……可在我们的电子记事本上，一次次约会排得满满的，想挤出点时间来打坐或静思，何其难也。

我在中国生活已有十五个年头了。一个既封闭又开放、既冷淡又热情的世界。在来到中国最初的那些日子里，我已经嗅到了一股异域的清新气息：他们与时间的关系与我们的不同。

今天的中国，罕见的快速度与亚洲人的散漫劲儿比肩而存：中国人花许多时间在智能手机上，其心灵手巧，不仅是让风筝上天飞舞，或缓缓吐纳如老僧入定，在数字设备上，他们也有着极高的天赋。只要你愿意，北京的每一天都在教给你一种与时间的新关系，一种不那么病态的关系。那其实并不容易：不确定性的大浪扑面而来，常让我惶惶然不可终日，全身紧张如强风鼓帆，唯恐没顶；可中国人却游刃有余，如鱼得水。说实话，甚至一杯水也会让我生出上不着天、下不着地的感觉；按理说，这么一点水，应是让人清醒而不是令人窒息。

和许多人一样，每天起床后我第一件事便是点亮一个个屏幕（与点烟相比，这总归是好事！）：先开手机，再开电脑。完全是下意识的，我也不知为什么会这样。可能是因为这让我觉得自己与世界——与世界的种种运动——是连通的；也可能是因为这有利于我排遣清晨那难熬的寂静，让我于朦胧中觉得有事要做。

背疼了几个月。背部发僵，延至右臂。没去看医生，没时间。在法国，看医生须提前预约，至少提前三周。在北京，我打电话给蓝医生，蓝医生很忙，却仍挤出时间，让我当天就去。真不知他是怎么调剂的。蓝医生给人的感觉就是一个从容不迫：去诊所你早到了10分钟，没关系，立即给你看。他总是笑呵呵的，反复叮嘱你要休息要好好休息。

我知道为什么背疼了。不是因为我坐在电脑前姿势越来越不对。它是一种经年的病，一种文化、心理、经济乃至技术的遗传：时间病。时间你攫取的越多，也就失去的越多。越是抱怨时间不够、懊悔自己迟了一步，越是悔恨一天天虚度光阴一事无成……时间是所有负罪感的根由。

在中国，似乎人人都在忙。整个中国社会经历了一个令人难以置信的高速增长期：它在经济和工业上三十年完成的改变，欧洲至少用了一百五十年。尽管如此，传统文化仍提倡把时间视作老友，一位和亲朋好友们同来的老友。尤其是当他们当中有谁遇到困难时。时间里的中国人，是动静有致、快慢相宜的，或耐心等待，或迅疾反应，润物细无声地把人带入一种与时间的特别关系之中。只需观察一下事情如何发生便可知道：时间并非夜的黑幕或日的白幕渐渐收紧变细，它更像衣服的内衬，不显山不露水却熨帖软和，穿上身后是那么惬意。

像中国人那样对待时间，我学得很苦。他们或者不提前一周预约，或者比约会时间早20分钟就已经到了；或者来约会却没有具体的方案，或者约会时才告诉你一切都变了。我常被弄得昏头涨脑，便毅然决定也按中国人的方式来处理时间。这时候，我反而发现了一种含而不露的智慧。在琐碎的日常行为中，在各种庆典礼节中，在中国人的聚会和笑声里，这种智慧悄然绽放。而中国人自己,则久居兰室不闻其香。

　　我不是在推出一种方法。中国人也未必视其为方法。我只是想进入一个看时间的新视角,一个与我们西方人全然不同的时间观。采用它一如使用一门外语,它将让我们在一个越来越紧张的世界里获得更大的自由。

中国人说应「纳山入体」,
让山的能量在体内流转不息。

时间总是不够

一、跑个不停

乘坐架空索道缆椅，登山去克莱恩滑雪道（黑道而非红道）。塞万峰高耸入云，雄奇壮伟，俯瞰着身下一群群小黑点们急匆匆爬上滑下动不停。可我邻座的男人，却无兴观景：他摘手套看手机，又唯恐手套掉下山；手机上的信息"须马上回，否则事情只会越积越多，越变越糟……"，回信写一半，中间还打错了十来个字母；结果是又戴上手套，他决定立即下山。我和这男子属于同类。同样的急躁，同样的焦虑，一刻也离不开现代化通信工具。看着他，我略带讥讽，可自己也忘了去呼吸高山的新鲜空气，这能让人彻底放松并进入另一种时间的灵气。

唯恐错过

"永远赶不上趟儿。""一天只二十四小时……""什么时候的事？昨天？已经过了！"所有这些脱口而出的话，传递出了我们唯恐错过时间的焦虑，却没意识到它们时刻在加重我们的病症，让时间病在整个社会肌体内扩散。

要命的焦虑，迫使我们把时间看作一根延伸的线，均质，可量化，有起点有终点；人终生不歇地从起点奔终点，但却被判"永远赶不上趟儿"。要如何才能摆脱这一焦虑呢？

邻座上的那位滑雪者唯恐未好好利用时间。可七天真心不够，不可能玩好玩够：假期一下子就过去了，天转眼就黑了，青春还没好好体验就结束了。他仿佛已看见自己踏上回程，有几百封邮件等着处理。

害怕错失，不仅完全于事无补，还会进一步加剧缺憾的程度。它让人患上强迫症，以后再难放下：时间总不够。这恐惧毁坏着人的身心，瓦解着世界的进程。它让人举止失措：只知一味采取行动，关注信息，四面出击，千头万绪，唯恐有一次没赶上。这"越积越多的"资讯、预警或情报要处理，要转发，更是让人觉得时间太紧，总是不够。

进入无限

中国人说应"纳山入体"，让山的能量在体内流转不息。把大山纳入自己的身体，这念头够怪的了！就算能成吧。子曰："知者乐水，仁者乐山。"智者或隐修僧道为求永生，去大山大泽结庐而居。因为那里的生命体验，延延绵绵，不同凡间。静观大山，领悟天际之无限之壮丽；眼游穿天并追云，目收群峰或穿透，这才是中国人邀请我们去做的。在中国，大山之巅是神圣的，此处对时间的体验首先触及的是灵魂。面对大山这亘古未变的大自然伟力，我们及我们的手表、电子辅助器，实在是不值一哂。大山助我们融入宇宙之无限，进而感知到当下所谓的大事、急事，世人口中所谓的重中之重，以及我们对未来的重重担忧，都是相对的，都算不上什么。面对自然伟力，我们微不足道；微不足道却又最为根本，因为一切都因之而生，为之而存。一如一丝将竭的嗓音，证明了一条生命的存在。

对时间，我们从来只会做减法。大山把我们从这一时间中解放出来。西方人的意识，不是超前就是滞后，一种深感不幸的意识，突然间开始喃喃低语："你有的是时间，源源不断的时间；不要怕，你就在时间里，与时间同在，世纪轮转无绝期。请抬头，远望，别满足于面对之，要进去。进入无穷尽的绵延。尽量望远，方能见到你从未领略过的雪峰透迤。滑雪者们那急不可耐的嘈杂声亦会从耳中消失。吸气，气沉丹田。'无尽空间的永恒寂静'不再让你感到恐惧，反而让你感到无比充实。"

时间的伟力，中国人深有体会，尤其是在瞻仰胜地时。比如说在中国南方桂林附近，水侵风蚀（多亏了亿万年的鬼斧神工）铸造了许多万世静无声的石林、花岗岩圆锥、错综复杂的岩洞迷宫。成百上千的游客一批批你照罢相我登场，然后轻飘飘地穿过那无穷时光的景观。尽管如此，那些耸向天际或植根地泉的喀斯特身影，那山水间的默契与和谐，仍会把人深深纳入宇宙的洪荒之力，永不休止的时光旋涡。山水，中文用这两个字来指代风景。山之坚（阳）规定了水的走向，自由任性的水之柔（阴）则反身环抱石山如情侣。无开始亦无结束，无早亦无迟，不再有期限。山水，唯有不再是测量、性能、游乐之对象而是天地灵气的使者时，才让我们与那永不会缺的时间相汇合。参与无限，与无限相融合，就不会再有看之主体与被看之客体的区别，也不再有宇与宙的分别，唯余灵与气的汇聚。

　　面对这些巨大无比的自然景观，西方人会有感应，用西方概念说，那就是"无限"。那一刻，我们会感到万事无惧，不再害怕缺少时间。时间不再是约束，它就是生活本身。只要生命未息，时间就无须计数：生命是流体也是固体，生命是快也缓，生命是坚硬也柔软，阳且阴。自由，无限，活着，我们有的是时间。固然如此，但到底有多少？

流水与赛跑

返回"实际"生活。退隐山林或在自然风光中升华精神,这机会并非人人能有。在我们的屏幕上,时间是越绷越紧。时机到来又失去,时间在嘀嗒声中逝去,快得出乎意料,一切都变得极为局促紧迫。整个世界,一幅人人奔忙的图像:背上贴着赛跑号码,个个无比焦躁。

时间对于中国人而言,既不是一支射向靶子的飞箭,也不是一个度量流沙的沙漏,而是流水。水有时会吞噬我们,却又承载着我们怀抱着我们;它似弱实强,任何物事都无法阻止它奔流入海。水有容器之形,可称量其所容,却又不等于其所容。时间像爱人的情,在米拉波桥下流淌,又像我们行动与计划的条条溪流,在大脑里织网联通。时间在内又在外。它的威力在于它的柔弱,它的效能在于它的无形。

时间对于我们西方人又是怎样的呢?一再把它想象成赛跑或沙漏,西方人给出的是竞赛模式:前边有目标要达成。不过也是一个箭过不留痕的模式。害怕误时,其实也是害怕被排斥在竞技场外。我们与行动的关系,与行动的这种功利的关系,才是我们必须拷问的东西。

这一关于时间的想象,乃一种文化或哲学之必然,所以需要被置于另一种关于时间的视角下进行质询。

静 观

在一个不断加速、日趋紧张的世界里,人的难处可以概括为一句话:如何走下跑道但又不完全离开竞赛?我们有些人,会一直等到被病痛或某一人生悲剧所击倒,方才放下而进入另一种时间观。学习静观,它要求我们放下手中的记事本、电子显示屏,重新审核原来的安排以及优先顺序。这不太容易,尤其是当你觉得原来的安排令你放心时。多吃治不好贪食症,就算每天再多出几小时,人还是会觉得时间不够:要改变的是作息方式,一如调整马达的转速。由行动转入静观,让我们与时间的关系发生变化。

静观天空可以治愈我们的时间缺乏症,想理解这一点,只需回到该词的原义就能明白:con-templer(静观)。古罗马的占卜官原本是些教士,负责解读天象。他们用棍子尖在地上划出一块区域,templum(圣域)[1],然后站在中心仰首向天,进行静观:观察云的走向,云的阴影,

---

[1] 该词乃后来庙宇或圣殿(temple)的词根。——译注

静观的时间

陈督兮作品：《观空图》（正）《持颐之一》（背）

对时间，我们从来只会做减法。

大山把我们从这一时间中解放出来。

静观大山，领悟天际之无限之壮丽；

眼游穿天并追云，目收群峰或穿透，

这才是中国人邀请我们去做的。

只要生命未息，时间就无须计数：

生命是流体也是固体，生命是快也缓，

生命是坚硬也柔软，阳且阴。

鸟的飞行。他们从天上读出人间事件背后的隐意、未来的趋向以及人的命运。静观是一种看的方法，可解人生运动之奥秘。它助我们鉴别真伪。若静观时间可让人更清晰更睿智地反观其行动，那么我们当然有必要明确区分行动之时和静观之时。那位来滑雪的男子在山上不可能既吸取无限之灵气又处理好日常要务，他需要做出选择。然而，人往往被惯性支配，害怕错过，于是自然而然地，行动的时间便占据了压倒的地位。

将静观时间纳入日常生活是完全可能的，那便是对世界保持一种赞美之心。清晨，不去听新闻或种种要闻快讯，而是打开窗户放飞心情，哪怕是一小会儿，向天空。从脑中驱除那些反复鸣响的句子，比如说"又迟了一步"等等，它们有害心境。心随云去，观雨落，不语，然后停止思想。习惯是养成的：唯有逼迫自己采用新的行为方式，误时的恐惧才会逐步减轻。但愿"真美"是我们每天说出的第一个词。是的，我们所祈求的无限，在天空、孩子的小脸上、咖啡杯对阳光的折射中都能找到。它会自动呈现吗？很难说。

自然的和生命的无限，不可能下订单购买。学会静思，也不可能完全解决问题。唯有将眼光投向生活一如将鲜花置于坟头的人，方能领略其真容。确有看不见的存在绵绵不绝；要改变的是我们看世界的眼光：我们的时间病起源于一种文化和哲学表征体系，我们必须意识到这个棱镜的存在，我们最缺的时间这个坏人，其形象在棱镜中是扭曲的。

二、西方的时间是"僵死"的

西方，亚里士多德以降，人一直依靠空间来思考时间。

时间，抓不住摸不着，充满了不确定性，是思想进行定义的敌人：若想确定一个事物的本质，即所谓真理，就必须在时间中定住该事物。因此，为尝试掌控时间，西方精神选择将时间想象成空间，测量时间一如测量面积。也就是说，先有了对物体在空间运动的量度，然后才有关于时间的尺度。人还将时间比作一支箭，或一条线，瞄准它，或计算它、切分它，越做越精确。这便是弗朗索瓦·朱利安（François Jullien）在《论时间》（*Du temps*）[1] 一书中所揭示的思想折缝。是这类折缝在左右我们的生活、工作乃至

---

1 François Jullien, *Du temps. Elements d'une philosophie de vivre*, Paris, Le Livre de Poche, 2012.（中译本为弗朗索瓦·朱利安，《论"时间"——生活哲学的要素》，张君懿译，北京大学出版社，2016。）

互动的方式。由于这类折缝,其他对时间延绵的表现方式遭到压制,唯有一种在西方占了上风:线性的、可测的理性时间。

时间,纵向还是横向?

西方的时间观,实乃概念化的结晶;概念化强大且有益,但却让我们远离了感性的经验。科学的孩子,物理学的产出;与感性无缘,与内心体验无关,西方的时间服务于技术活动。它让人想到进步、前进,并使之成为有效的现实。那是一个"横向"延伸的箭头,刺激我们的身体和大脑一直往前,为计划、为效能、为更好的结果而狂奔。这一时间观,导引了现代性,其威力和成功之处就在于它是完全被"客观化"了的,一如空间。亚伯拉罕·赫施尔(Abraham Heschel)说:"在我们的精神领域,客体这个范畴所占比重极大,一切思想都匍匐于其脚下……我们的想象力倾向于把概念都视作一个个客体……在我们大多数人心目中,上帝也只是被设想为一个客体。"[1] 真实,滑不留手的真实,被我们处理成客体;自己的思想,被我们处

---

[1] Abraham Heschel, *Les Bâtisseurs du temps*(《建造时间的人》), Les éditions de Minuit, 1957, pp. 100–101.

理成客体;时间,最难把握的时间,被我们当成了客体。然而,"客体"不过是我们心智进行概念化的造物:它,经过逐步抽象,被置于眼前(l'ob-jet 源自拉丁文:jet = 扔,ob = 前)。西方的时间,对我们而言,首先是一个需要认识、分析并消解的客体。时间,作为"扔眼前"的 l'ob-jet,虽说已归附理性范畴,但就其本性而言,极易化身为一个障碍(l'ob-stacle),一个在我们与所追求的目标之间、在人与人之间的障碍。从可掌控的时间化身为充满敌意的时间,这中间只有一步之隔,这一步,我们常常于不经意间跨过。

人人皆会感到还有别种性质的时间:感性的,内在的,有益的,令人珍视的。那是"纵向"的,邀请我们沉入内心,去思,去爱,那是献给深化、献给关系、献给创造的时段。可对于这纵向的时间,我们却不知要怎么"做"。其实问题就出在这个"做"字上,不是要怎么"做",而是要怎么"活"。西方的理性时间是"死的"。"事实上,遇见空间我们知道该做什么,可遇见时间我们不知所措,只好把它纳入空间范畴。我们中的许多人似乎都在为空间客体操心,可一旦不得不面对时间时,那种从心底升起的恐惧便会令人极其茫然……因此我们拒绝去感悟时间,我们逃向客体,客体令人心安……所有无法落实的欲望,我们将其寄存于空间;我们所拥有的客体对象,成为人欲被压抑的象征，成为对屡屡挫败和失望的可怜慰藉。"[1]

　　智者亚伯拉罕·赫施尔的这一结论令人震悚，他的修养和阅历让他明白，对空间的精确管理透露出我们在体验精神时间上有残疾。我们的房屋、我们的城市、我们的轿车、我们的屏幕，件件皆说明我们遇到了困难，体验纵向时间的困难、追求永恒的困难。一座房子，无论多大多坚固，都无法保证你获得梦想的生活，除非你以某种特别的方式居住之，而非占有之，在其中度过生命特别微妙脆弱的一些时光。赫施尔敦促我们看清其奥妙，重新续上与精神时间而不是石头时间的联系。如果说时间的形态是多样的，那么首先是永恒。赞美诗的节奏、抚摸的节奏乃至眼神的节奏，都能让时间摆脱钟表刻度，超越此境。在灵与肉里还可以体会另类的时间：那是为追求名利和物质享受而被遗忘的精神时间。理由何在？"我们奋起反对的，便是这种奴役状态：对空间的无条件投降，对客体的完全屈服。不应忘记，并非客体给一时以意义，而是一时给客体以意义。"[2] "对客体的完全屈服"，其背面是占有欲，是在消费社会全面铺开的拜物教；更

---

[1] Abraham Heschel, *Les Bâtisseurs du temps*（《建造时间的人》），Les éditions de Minuit, 1957, p. 101.
[2] 同上书，p. 103。

隐蔽一点，它还表达了一种态度，思想对思想的态度，即我们在表征自己所思时也将其视为一个可占有的对象（客体）。

时间只为被简化或被预测而存在吗？

在西方，"认识"意味着给出某一事物的定义，常态的、客观的定义。这当然会抹去它在现实中的动态演变。倘若某事物一直在变，人如何认识它？如何预测其效应？就这一前景来说，我们有必要严格限定时间，因为时间产生不可预见性，妨碍我们认识或预测。在中国，事情大不一样。认识现实便是拥抱它的所有变化。这种现实观以及认为一切均在流变过程中的观念，对我们体验各种变化形式极有帮助，因为它把时间纳入思想乃至真理观，而不是将其视为一个干扰因素加以排斥。在中国的文化传统中，时间不只是有逻辑的，更是有弹性的，恰如揉面，随时赋形，临机调整，随意重塑。时间不是思想的冤家而是思想延展的表达式。就这一点来说，老子倒是应该去山中见见苏格拉底之前的赫拉克里特（Héraclite），因为两位智者都断言"万物皆变,无物常驻"，断言智慧之道就是随自然的不停转变而不断改变。西方思想一直试图固定或定格现实这个永不停歇的舞蹈,赫拉克里特的残篇被人遗忘;不过它也引发了一些前世的回忆,尤其是在尼采的思想里。

必须奠定理性的地位,亦即学会一种职业并坚信它在科学上被证实的那些个真理。坚决抵抗种种无常与无定的干扰,建立一个个客观真理。就是在这样一个雄心勃勃的大规划中,西方理性生产出了时间概念,一个可度量的、可预计的,从而可控的时间概念。

理性至上,认识行为主体推崇客观,于是将眼前的或想出的各种客体凝固在时间的一瞬。恰如面对模特的画家或摄影师。为界定、建模或复制、再现,理性要求摒弃所有不合时宜的动态。如果说定义是定住——剔除事物的千变万化,使之凝固在一本质里,那么定义"直角三角形斜边的平方",就要比定义"我所爱男人脸上的微笑"容易一些。我的爱人是飘逸的,他在变化,他的面容是阴中有晴的天空,难预计。他的时间不是我的,他的生活虽说我有分享,毕竟也不是我的。我不可能预见并掌控其运动,更不用说他的渊源、未来的命数。反过来说,认识所求者,恰恰就是预测并压缩时间。技术理性的目标,是尽量降低未来的不可预见性。对火箭发射的预测——谢天谢地——容不得半点的不确定性,也不允许有一丝的主观臆测。缩短飞机的飞行时间则始终是个进步。理性匠心独具，与空间争时间，激发了许多了不起的发明，人们每日都在享用之。今天当我抱怨网络慢时，我的说法表明（当然是从反面）上述时间观该是多么地强大。正是这种观念营造了当今的世界，至少，就这一点而言，它令人赞叹。

用知识去消解并预测，这一方法关涉一个绝对的指令。加速，省时，还有就是拒绝未来拥有任何不确定性，这就等于是在否决其他种种时间绵延的力量及其必要性。于是问题来了：预防措施，担忧风险，拒绝老去，追求快捷，当然，急吼吼的人们表现出极高的才能，但还是撞墙了。一个半小时飞到马德里，棒极了！咔嗒三次就订好了午餐。那么，阅读《唐·吉诃德》或消化午餐，又需要多少时间呢？阅读或消化，所需的是一种内在的时间，这种"内在"与书的大小或食物的量无关。

外在的、客观的时间，这一时间观念源自一个否定其他时间观念的技术观，因为其他时间观念无法测量性能。我们花大力气摆脱了全部的目的论，并坚信我们已挣脱宗教教条"得自由"，然而同时却也拿掉了时间身上原有的灵能。把时间简化为一个衡量性能的计量表，或一个跑步机上的跑步垫，我们把这个概念变得极度贫乏。

视时间为钟表指针的运动，或计量速度的仪表，我们就再也看不见按别种时间来生活和思考的必要性。因为每一个人都会有这种生命的需要，即自屏幕抬起头来，停止看表，用心去寻找意义，不敢说寻找一个超凡脱俗的目标，却是让人对生活燃起希望。此类目标无须被强塞进教理或定义，人们只需让精神放松，按某种节奏呼吸。要知道，那只是一个方向而不是真理，一股灵气或者说一个希望。回忆过往，体会到自己身在当下——蕴含着永恒种子的当下，这就是生命的本质。我指的不是超人的生命，而是通过内在时间变得更为人性化的生命。技术观下的时间概念，崇拜谨慎和预测，并用这类崇拜取代全部希望。至于那些曾经的妙词："地狱""天堂""永生""灵魂"和"梦"，已从词典中被删去。那词典，为疯狂自杀者们而备。永恒已失，唯时间尚存；时间有短期、中期、长期，令人沮丧的尺度。人人盯着期限，垂下眼帘，自乐着做梦：不老，不死，延喘。

那么就放缓脚步？

对于过度现象，最简单的回应方式就是改弦易辙，不再承认它所带来的各种极精彩且我们日日在享用的便利。不做"瞎忙人",做一个享受时光的悠闲人。面对工业革命和金融狂热,社会、伦理给出的良方是"缓慢颂"。Slow life, slow food, slow product(慢生活,慢餐,慢产品)成为新价值、高品质的标签,在鼓吹返回自然的乌托邦中受到追捧,而自然,则是人类童真和失乐园的象征。无论怎么说,对"慢"的崇拜已成为一种理想的生活方式,它是对工业革命或数字革命所造成后果的"反动"。有闲人吃饭,不慌不忙;走路或骑自行车,从容不迫;自行车很棒,但不能太新。这类"个体环保"令人赞赏:真想向他学习,伟大的慢节奏传教士,行动舒缓得像是无思无欲、缓缓流动的瑜伽课。然而,在这种对西方时间的拒绝中,我感到了另一种过分,或称误导。人当然可以抱怨今天的一切都太快了,但若是急着送孩子去医院,你就会庆幸汽车或飞机的快捷。伽利略以降,参与制造"快"之时间观的罪魁祸首有科学、技术、企业、金融、数字化……大胆且理性,他们带来的科技成就,为人类提供了无数的便利;对此我们须心怀感恩,向"快捷"大声道谢。

人们可以抱怨,更加地担忧未来,但也可以思考。解决横向时间或曰技术时间崇拜的问题,与其说是放缓速度,还不如说是活在精神时间里的能力,即如何在生活中调剂好横向时间和纵向时间，已是性命攸关。如果真有一场"精彩的时间地震"（*Gaétan Picon*，一本书的名字），那是因为作者既像一个因欲望而雀跃的小青年，又像是一位在河边静坐的老人。

单一时间的单一思维是致命的。我们有的是多样的时间。

从单一到多样

时间就是行动跑道，我们必须摆脱这种关于时间的单一表征，才可能重新找回生活的热情。也就是说，根据不同的活动来"转换"时间。所谓一个更美好的世界，人不再生病，也不会老去，诸如此类的话语也来自同一个逻辑，不容质辩的逻辑。它不过是科学技术征服时间之乌托邦的另一种表达罢了。

我们到底想要什么样的时间？一个脱离空间、物体而存在的时间？又一个乌托邦。时空一体，至少对人类肉身来说就是如此，而我们人类所有最为关键的抉择，都取决于对时空的整体把握。重时间还是重空间？重速度还是重深度？是关心还是不耐烦？"不可能通过空间来占有时间。我们只能去时间内支配时间。"[1] 我隶属于哪种时间呢?要治急躁病,单单拒绝现代时间是不够的,还必须将之相对化。我也想常常看表,希望需要时能尽量快,但也希望有时间陪伴亲友,有时间祈祷、静观、期待,进入一段精神时间。要治时间病只能靠时间,在纵向的时间绵延里汲取营养,给人给己以更多的关注。

三、在场的质与量

在餐厅面对孩子。他每周陪孩子吃一次午饭,所以特意把手机装进口袋,并决定50分钟不看手机(有意思的是,手机竟然在与孩子抢夺时间)。在场,并不是件容易事。

他心里清楚,这时间是有代价的。理智上他非常明白孩子需要父爱,他必须花时间精力。他爱读书,也熟知尊重、关怀、他性等概念,但此时他不由自主地去想下一个约会。人在心不在,忘了眼前人。这个"我"是什么?被过去所侵蚀,被未来所吞噬,一个几

---

[1] Abraham Heschel, *Les Bâtisseurs du temps*(《建造时间的人》), Les éditions de Minuit, 1957, p. 102.

乎不在场的"我"。

从屏幕上抬起头来,看看对方的脸,这有什么用?没用,也有用。这取决于我们是否想改变和对方的关系,从而改变和时间的关系。改变一下姿势,我们就能在内心深处感到时间有多慷慨,而不再是时间飞跑并收割走一切。如果说钟表的时间邀请我们的眼睛去追逐分针和秒针的运动,那么另一种时间则分外含蓄,它无影无形,无声无息,让世人相遇,感知对方的存在。"在场"的质量是神秘的,它能让我们感到自己存在的分量被增大了。

进入当下

与其担心下次会议的议题,还不如选择活在当下,一个对男人来说不太容易的抉择。面对儿子,用眼关注,不是为了预防他有什么反应,而是为了进入他的内心,有点像下到深潭,一开始水有点凉,适应后便能畅游。"其实就是把心放在当下要做的事上,认真地做,高兴地做,做好,做完美,带着爱和奉献的心去做……"[1]

---

1 Maurice Zundel, *Ton visage ma lumière : 90 sermons inédits*(《你的脸我的光:90场未刊印的布道》), Mame, 2011, p. 363.

悄悄看看手机，或仅是悄悄把它从口袋中掏出，就以为儿子什么也没注意到吗？以屏阻隔，把对方化作客体推开。于是我们作为"主体"的地位被无限放大，处在对面的则多少化为抽象客体或潜在客体。屏幕强化的是客体与客体的关系而不是主体与主体的关系，主体间性决定在场的质量。

人们可以说，不应把这一系统性的心不在焉归咎于数字化；甚至模仿帕斯卡尔（Pascal）的口吻大言不惭地说：人的不幸皆因无人能做到面对另一个人 15 分钟而不烦。人们或许会说：过去就有男人和妻儿在一起的时候只知道看报，时间病早就存在，只不过那时的说法是精神空虚或不尊重人。他们说得没错。

只需观察一下人们的行为，在街上，在咖啡馆露天座，在餐厅，在地铁，在车站或火车上。我们的眼神和动作发生了变化，我们的身体也不一样了。我们越来越少地关注旁人，哪怕他紧靠在身旁。所以不可能感知到他们的忧虑，也不可能捕捉到他们的心思。我们的生活就是俯身在一个个屏幕上，目光涣散，心不在身边的实体人身上，反而在屏幕后的虚拟人身上。进入当下，在今天意味着一种觉悟和一种责任。我当下在哪里？每个人都可以养成问自己这个问题的习惯，对此问题来不得半点虚的，身体会立即作答。我的眼、耳、手在哪里？我的心在哪里？进入当下，又意味着进入倾听状态，进入开放接收状态，而且不抱任何确切目的，比如说实利的或医病的目的。没人要求我们每个人都做精神分析师，但却呼唤我们更加地"在场"。人常常憧憬但又不敢奢望，憧憬信任、相知、情爱、尊重，这生命的根本需要构成生命之美，而"在场"的质量就是一切的担保。因为到了最后时刻，即时间真的要没了的时候，人们所哭泣的便正是这"在场"的阙如。不可能是别的。

虚拟联系有可能不是一个诱饵吗？

人与人的联系越来越紧，这毋庸置疑。其紧密程度、交流信息量，乃至他们的诚意，都在世界范围内呈指数级增长。我们的时代是一个天翻地覆的时代，它消灭距离，约请我们相聚于另类时间：虚拟时间。

虚拟时间有可能刺激人们聚聚的欲望，进而增加在场的概率，但还是有必要对之进行区分。因为超链接世界并不能彻底清除孤独感或荒诞感，一旦产生后两种感觉，相聚时"在场"的质量就全毁了。虚拟联系让我们面对的是一个什么现实呢？面对的是一个人，但中间却隔着屏幕/镜像，他化为一个客体，所以没有那么令人不安。确信自己是主体但已被屏幕客体化，屏幕的这种能力导致了许多过分的亲昵和露骨的骚情。如果是真的面对面，上述种种不雅就很难被接受、被容忍。对方的确就在那里，但屏幕为我拉开距离，我总能对关系保持某种掌控：主体化客体，客体重新变回主体。这种暧昧令人飘飘然，如一出猫鼠游戏，他者到底是怎么回事，其实不重要。此处的关系，与虚拟游戏一样，会占用好此者大量的时间，但却不会影响到人的实际生活。它与面对面的真人大为不同：真人若与你意见不合、观点相异，让你觉得不自在，就成为一个事件，让你产生观念变迁，进入另一种时间，一种神秘的探索时间。

谷歌和钴控制着网络，网络把各类人群聚于一个时间；这是一个终于透明了的世界所渴求的梦幻，可以确认但却不知真名的网虫们，以可预见的方式相联系、相会聚。网上的社群，其人其事令人感动：每3分钟交换一次他们在高速公路上被堵得动弹不得的照片，或他们婴儿新奶嘴的照片。毫无疑问，这能消磨时间：网游和网聊是吸毒，已经引发种种上瘾依赖和丧失交际能力的悲剧。在网络的社交峰线上，人们分享各种意见，平凡的或神奇的，私密的或轰动的，应有尽有。无疑，网络加强了人与人的联系，让人感到亲近和有人关注。人相似，于是相聚，聚在一个处处是匆忙儿童的大网里。无论我走到哪里，好友们都会追踪到我。贴近,让关系更紧密,也引出了一些有创意的漂亮想法。不过,说到"在场"的质量,对方作为有气质有思想有秘密的人,到哪里去了?

"远游"之时间,已远去。那是一种特别的时间,远离所谓的亲朋好友,无人知晓你生活的节奏、你生命的体验。一两个月,不见首尾,没有消息,没有只言片语。一个月,不知道在码头送走的人是否安好,是否遇到危险。整整一个月,会让人破釜沉舟,体会分离的撕心裂肺,死亡碎片,那等在尽头的,是无法预料。今天还有可能"远游"吗?依靠空间的距离建构出一个内在的距离,这种时间似乎一去不复返了。相隔那么远,当时的人又是如何活下去的呢?活着见不着,什么都不知,都不可预料。

要持久还是要强烈?

对持久联系的崇拜,有时让人忘了保持关系需要常常"真"见面。仅仅只在虚拟空间交流些信息是不够的,要在"真"时间中,共同度过、共同分享。一块儿走走,上餐馆吃顿饭,"和你在长凳上坐五分钟";不为别的,只为更深相知的快乐:在场的实现,要求身心皆付出时间。然而,无论是身还是心,都不可能像系统一样随叫随到。要接受什么也没发生，甚至有那么几次的失望。要增强了解对方并让对方也了解自己的欲望。这一切并非想要就有，时钟分分催，人有时会累，或过分紧张。要进入的是另一种时间，不是赛跑的时间，不是指派给在噪声不断的背景中处理信息的时间，而是另一种会产生"强烈感"的时间。高质量的"在场"会创造出"强烈感"。那一刻我停下，有什么事发生了，谁也无法预料。某人对我"在场"，我对他"在场"。他给我的并不是多少分钟，而是一段时间：我触碰到他那看不见的真实。这就是高质量的"在场"可以给予的：它让我们见到日日相见之人的另一张面孔，它让我们以为相知甚至有时候以为拥有的人在场。我儿子不再是担忧之源而是关心的所在：他今天在想什么？有哪些梦？随着我对他的微笑步步绽放，我看着他脱身于我的担忧得自由。他的眼光看向我，透过这眼光，我看见了他内在的看不见的部分。我不知道他是谁，他的在场把我从我们约会的计分时间中解放出来，并让他拥有了永恒的能量。

走出名利场

必须学会与某些请求或欲求相决裂，去体会"在场"所导致的当下的强烈感。高质量的"在场"能斩断日复一日的链条。它下令"站住！""安静！""我在此"，或笨拙地发问"你在哪？"，把我们引入一个精神的世界，不再只是某一利益社团的成员，而是一个形而上的寻找自我的主体。人人都或多或少地感到失落在生活的神秘莫测中，它让我们在二者必居其一的痛苦中成为平等的兄弟：要么我先死你送终，要么你先死我送终。你我有一方终将缺席，正因为对此别无选择，我们的彼此"在场"才如此珍贵。为什么会忘了这一点呢？

我跟你说，你跟我说，并互相听对方说。同时我们能看屏幕吗？我们必须断开与世界的联系，在多样的时间中选择。必须学会一种我们可能会抵触的处事态度：觉得自己是自由身。告诉自己：无论什么事都不是不可以抽身的，在数字的汪洋大海里有剪切出一个小岛的可能性。这小岛伸手可及：与某位再也不会见到的人在咖啡馆坐一会儿，在匆忙工作的空当，交换"飞飘"的眼神或思想，每周与孩子见次面让自己再回到童年。在时间的排浪中剪切出时段的小岛，于是我们不再感到会没顶；小岛很小很小，无数大船从旁经过却不知其存在。

让对方感到自己"在场"需要多少时间？"在场"的质量，既不可能编程也不会有测量尺度。它不是个人成长的工具，而是一种质询人生在世或之于他人之意义的存在方式。我缩短一个长得没完的会议：所有人都心不在焉；我延长一次和同事的交谈：他似乎很有表达的需要；我抬头看几分钟天空或去看望母亲。我从空间的紧箍中脱身出来。今天我见了不少人，可到底是"真"相遇吗？

这生活，像是上层社会的酒会：好多人，好多声音，大家都在说话，交换信息。可当有人向另一个人说话时，你又觉得他的眼光有点瞟向别处，他不太在意对话。一种含蓄的斜眼病，人人都在彬彬有礼地玩着他的职业游戏，但必须斜眼观四路：万一出现一个需要上前搭讪的利益相关者呢？他们无一不是如此。眼光飞闪，哗哗换频，什么也无法阻止，人影一个个晃过，如秒钟的嘀嗒声："下一个。"我们必须学会抽身，走出这嗡嗡的嘈杂背景，尝试不可能之事：渴望一次奇遇。这似乎有点天真，但绝不好笑，它立即会对眼神和身姿产生效果。我们的站姿一定不一样了，我们的眼神也一定更为热烈。这就是我们所说的"在场的质量"。质，而不是量。

从量过渡到质的方法

想要获得在场的质量，最好一开始就意识到自己有些心不在焉，注意到自己的身/心有离散迹象。经常会有人提醒我们:"你还没做这件事,不要忘了今晚你必须……"你头疼得听不进去,或者在等着这个"重要"信息随时会出现…… 在场的质量取决于身体上的意识:面向对方,站直放松,敢于提醒自己以进行校正:"我有点心神不属。"并诚实面对眼前人:"对不起,刚才没听。"

断开是为了接续,交流可重新再来。如何开启"高质量在场"的模式?断开。一下子断开显得粗暴,必须承认。与孩子分享一段时光,其质量要求我忘掉工作的烦恼,咔嚓剪掉所有妨碍我在场的干扰源,坚定而无顾忌。无论是过往的懊悔还是现今的燃眉,皆留在门外。要如何做呢?意识到它们有碍我用心倾听,下决心把过去、现在和将来关进密封箱——我指的是在聚会的这段时间内。彻底密封固然不可能(时间绵绵无绝期),但决心"断开",就能减少许多过去或将来对当下的干扰。我们的牢靠性就在于这种面对的方式,面对不是因为不服气,而是为了"正视"——凝视对方的面容,让他也能看清我们的。进入在场模式常需要一个过渡,而断开则需要一点时间:出去走几分钟,呼吸一下新鲜空气,祈祷一下,就足够了。

当然,过去、现在、将来都不是什么密封箱:它们是人生中不同的时态,相组合相混合的时态;它们给我们与世界的关系、与生命中相遇的其他主体的关系染上鲜艳的色彩。一个人的本质，其形成取决于他过去、当下的行为，以及他对未来的设计。就这一角度讲，当然不应让人的一生断开，要想办法使之具有一致性；尽管人生多变迁，但我们仍会致力于在不同篇章中建构完整的主体（sub-jectum）。多种多样的行动涉及不同的时段，若想用之编织、串联、整合我们碎片化的本质，又会怎样？强化我们的在场，有助于为我们自己增强本质。内在的一致性随时间而衰变，我们对之的追索系于一线。问题不再是我们是谁（界定本质），或我们想成为什么样的人（界定意愿），而是在生命长河的鸣奏[1]或（偶尔的）嘶号中，我们想成为一个什么样的"主体"（动态一致性）。

我想要接触的是人，是一个人对另一个人的追求。行动放在人后。行动应接受自己的位置：一个后果，一个效应。我们所做的，从来就没有那么重要，哪怕它万分紧急。真正重要的是为人，我们的处事方式，我们的意愿和关系。判断是瞬间还是随时间发生，它始终是必要的。在中国，

---

[1] 此处影射伯格森（Bergson），他认为人是一段有创造力的绵延，时间则是生命的经纬。见《思想和运动》（*La Pensée et le Mouvant*）："真实情况是既没有一个僵硬不动的基座，也没有一个个界限分明的状态像演员一样在舞台上穿行。有的仅仅是我们内在生命中延续的旋律，这旋律伴随我们的生命意识从开始到消亡，绵绵不断。我们的人格就是这绵延。"

虽说人人忙事业，加速是常态，但对一个人的评价首先还是看其本人。是关系的质量导致结果而不是相反，因为你生活的态度正是通过你看人、听话、微笑的方式展现出来的。我认识的一位针灸医师，他说当他不再那么急于治愈并开始观看病人时，他的治疗反而变得更有效了。

无须到处找工具箱：在场的质量有着无数种表现形式。也不能将之归纳为某一种行为。感受他人，倾听他人，增强其在场度，同样有着千万种方式。对"什么是有质量的共享时间"，每个人、每种文化也会有不一样的感观。对每人来说，就是不要封闭，找一个确保自己能行之有效的方式。要选择并敢于重选。选择是个人的事，生命的需要：生活高于拥有，倾听高于诉说，寻找意义高于寻找结果，人高于功用，时间高于空间。

说到底，人总是为没有多大意义的事而忙，真应该好好沉思马大和玛利亚的福音（《路加福音·第十章》）。

四、为什么会不耐心？

普罗旺斯的埃克斯，老咖啡店，数棵百年梧桐。

一个来和儿子喝咖啡的男人突然大喊起来：已经足足

等了一刻钟了,实在受不了"这么差的服务"了。儿子怎么劝也没用,压不住火,他忘了自己是专门来见儿子的,父子俩等这次见面等了好几个星期了。

波尔多,夏末。一位参观葡萄园的商人大为光火,人们无法告知他葡萄开摘的准确日子。

上海。为孩子的未来担心,父母竟要求为其两岁的孩子找一种学英语的速成法。

巴黎,办公室。网速慢烦得我要死……

不愿再等

快速是工业革命的成果之一,极大地方便了人类生活。新科技让同时操作成为可能,进而增强了一种感觉:只要人想要,一切都可能也应该通过点击几下而获得。力量关系在数种时间中被颠倒了,从而导致我们如此容易不耐烦。事物会因为人的预期便按时来临呢,还是有着它自己的、与人无关的节奏,人只能耐心等待?与时间相处得心平气和,这非常重要。

农民为收成而观天象,必须遵循大自然的节奏,并尽力配合之。这种遵循不是屈从,而是主动倾听以采取相应行动,行动是两种时间综合的结果:人的时间(如人的需要、欲望、人的工程等）和大自然的时间（如节气更替以及难以估量的种种意外）。这种接受、遵循并配合自然的姿态，显然与我们计算公式之范式大相径庭，它让哪怕是最为激情的行动也具备了一种集体性的隐性耐心。主体必须接受世间万物都有其自主性和不可预测性这一现实。换言之，我们可以说他们向另一个"主体"（大自然）俯首，他们接受一种依从，而这种依从却能反过来让他们获得真正的主导，即自控能力。耐心不是个人优点。耐心是生活不可或缺的一部分。

在当今这个工业化、数字化社会里，耐心是什么？延绵的时间抗拒我们当下的种种一时之需，耐心便代表了对此的一种平和心态。它深知，在任何情况下，哪怕是被理性完全管制的情况，都有着种种出人预料的、超出人类计算能力的东西。比如说火车迟到。然而，量化、预测、应变力一手遮天，耐心几乎没有生存之地；不耐心，则支配了我们的欲望和行为。我们常急得跺脚。无数次习惯了技术所带来的成就，我们看世界就只看它是否合乎我们的"预测"。理性和量化不断扩展，统治了时间的各个维度，于是便产生了对"立即"、对"快"的强求。

出色的工业和技术能力，养出了一批急性子。而我们则继承并感染了这种急性子,养成了"能不等就不等"的习惯。我们倾向于认为生活就是编程加控制,可悖反的是,这种过度的理性化却导致暴躁和焦虑。

人无耐心则眼盲

急躁引发的紧张是负面的。一心想着将发未发生的事情,只会阻塞现实,甚至阻滞事情的正常发生。一味用我们的时间尺度去量现实,只会僵化而不是软化,使人盲目而不去用心体会那"来路上的进程"。只注意"迟到",就不会关注在场之力、当下的潜力、当下的不竭的创造力。咖啡馆的父亲,他眼中看不见面前的儿子,15分钟让他失控,15分钟将之催眠。他完全可以用这段时间来好好看看儿子,帮助儿子,或讲点什么让儿子高兴的东西。多等几分钟咖啡有多大关系?在定量的时间观背后,应该有一个重质的时间观,唯后者方有可能引发一种意义或某种感情的涌现。急躁者却忘却之。不接受别人有他自己的节奏、他自己的困难或延误理由,其实说明你无能,你看不见别人的处境也理解不了正在发生的事情:我们处理时间就像急于走出一段漆黑的地道。这与即兴发挥即兴创作完全不同。集体或个体的盲目,急躁让我们像是一些等不及的孩子，恼羞成怒直跺脚。对未来的恐惧，害怕心愿得不到满足，充满疑虑的眼光，一味只求事情赶快实现，像我们所想的那样子实现，这就是我们当下的状况。

即兴发挥

再来看看《摩登时代》里的小查理：一个非常漂亮的寓言，似乎只需把工厂时间换成数字化时间就成了；两种时间的野蛮缠斗，就像是一对相互厌恶但又无法分离的夫妻，即技术时间（可度量的客观时间）和人的时间（不可度量的感性时间）。在餐馆的那场戏里，小查理刚刚应聘了服务生，他不小心引发了一系列意外，不断给上菜服务的机械程式制造麻烦。一连串小概率事件的发生，让菜到不了桌上，令客人歇斯底里。陡然间，一件事打断了这一拼凑起来的程式化过程，让在场的客人们享受到了一段独一无二的精彩时光。老板要求小查理给客人表演节目，唱支歌。看得出来他很笨很窘，手脚不知该往哪儿放。他不会唱歌，看见客人们开始生气他完全不知该怎么办。这时他开始开发自己，找灵感：随着心沉入当下，他开始即兴表演，丢词配句，摆弄身体，外在时间停摆了,他的整个人一下子进入了精神时间。一片安静,没有安全网,小查理自编了一个舞蹈,创造了一种没人懂的语言。整个餐厅进入一个新节奏,他的节奏。节目令人如醉如痴,所有人皆狂呼大笑,结果好得出奇。人与时间的慷慨结缘,支配其行动的不是为达某一目标的预期,而是用心体验的一段绵延,一段意外之喜。进入行动而不用保护网,这就是即兴创造,与蹦极相反。一跃入高空,然后寄希望于内里不可置疑的蓄积。精神张开如珠宝首饰盒,只需取来戴上,不把即来的当下视作压力阀。"他们期待我什么?""我该怎么办?""会有什么后果?"这些问题会熄灭即兴的热情,阻止时间挥洒其全部的创造力。

那一刻一切皆有可能,重获权利:美丽的事物竞相发生,无须事先编程,只需开怀拥抱。陶醉在笑声中,再也没人看表。幽默如爱情,让人不急躁。即兴颠覆了控制的时间,彰显了时间的无比慷慨:只要我们信任它,它就会带给我们满满的惊喜。什么是时间?一位老友,无尽资源:待你灵机闪动、福至心灵时。对付焦躁不耐,需要自信,而正是在即兴发挥中,自信开出快乐花。

等待加关注

面对硬性规定起止时间表的主观意志,耐心是一个颇有弹性的回答。与冷漠不同,耐心表达诉求;与疲倦相反,耐心显示关注。但它却不会为到货期而自寻烦恼。它懂它知,它感受并预感。它是等待加关注。在彼得·布鲁盖尔(Pieter Bruegel)的画作《伊卡洛斯的坠落》(*La chute d'Icare*,见彩图2)中,离伊卡洛斯淹死不远的地方,有个渔民在甩竿钓鱼。渔民不知鱼何时上钩,但却能感到有鱼在,否则他不会下钩。谁能保证结果和结果的准确时间?渔民耐心等待。但等待不会让他盲目,发疯,乱跑乱撞。他相信自己的直觉和专业知识,他坚信过程已然展开。这不是第一次。他知道在一天中某个时间某个地方以某种方式下钩,鱼儿就会咬钩。关键是要有耐心,要开放。这绝不是一味傻等。过于疲惫,渔民对钓鱼过程也不会有太大信心。

时间并不是铺在脚下一直向前的红地毯,它如波浪环抱我们,我们则随波起伏。重要的不是知道事情到底何时发生,而是体会它如何形成,关注种种有利其发生的预兆。预兆的显现遵循某种语境,而行动的发生和展开则离不开此语境。在中国,纠结于日期和期限是没有任何意义的,因为日期和期限就像是好动的鱼。最后通牒也丝毫不起作用。时间不是一堵墙,没必要止于前:时间是动态的。那什么才是重要的呢?保持开放,对事情的来临或可能被卡住保持开放的态度。一边是置身于一种智慧:过程正在行进,语境时刻变动;另一边则为得到一个结果而执着于一个日期、一个时间。两种态度必导致两种绝然不同的行为:关注或者焦躁。中国人给人的感觉是既紧张急迫又极有耐心,耐心让他们可以心平气和地面对迟到。他们静静等待而不是暴跳如雷,更有甚者,将等待的时间视为观察的机会。在中国,耐心还说明其人有信心、讲礼貌、有效率。它让人有可能关注将到未到的人或事,并采取一种灵活的态度,更好地理解当下的进展过程,让事情流畅无碍,让困难迎刃而解。就像小查理那样,在等待中表演,发明,逗乐。

说到底……事情真的有那么急吗?

五、时间面前人人平等?

15:30,她很有点赶。相当麻烦的一天。下雨,堵车,人人都心烦。她与医生有预约,看罢医生后还有一个会，17∶00开始。标准的候诊室，她冲进去，发现还是迟了，里边已有两人在等候。她犹豫了一下，工作还是看杂志？顺手拿起一本妇女期刊，上周的，一翻开就被两篇文章吸引住了眼球：一篇叫《50岁，绝经期，几个迷住男人的偏方》；最终她决定读另一篇，专栏文，《与×××的一天》，内容是一位35岁的职业女性，广告公司经理，如何度过她工作的一天。十分全面：早上起来的防皱面膜，早餐薄烤饼，午餐绿色食品，和"女友们"泡咖啡室，然后是一个接一个的会议，整整一下午，晚上有堂瑜伽课……还有就是当妈妈每晚必做的，给小儿子讲故事，哄他入睡。再然后，出门，神采奕奕地去和一些不知疲倦的家伙共进晚餐。

谁等谁？

关于职业女性的老生常谈：工作一天，忙得犹如耍杂耍，令人疲惫而沮丧。她一直觉得有点超出忍受限度，她患了时间病，没人治，因为医生们自己也都得了这种病。

15∶47，秘书通知说大夫要迟到一会儿。那么我、我们呢？我们有权也迟到吗？医患关系结构在这句话中表达得无比清晰：医生的时间比患者的重要，是患者就要有耐心，配合医生的节奏，遵从医生从专业角度所做的轻重缓急的安排。

无声的比拼悄然登场："我的时间对你的时间。"一旦进入上述情况，人就在不知不觉中开始争斗。谁有等待的义务？谁有权力让人等？不是说时间面前人人平等吗？难道不是每个人都有自己的急务、担当和烦恼吗？权力关系开始暴露，但无人公开承认；人人都有手机，穿着类似的服装，贵族和农奴混在一起难以区分；情况不同，权力配置也随之不同。

在候诊室里，医生是救死扶伤者，也是……国王。正是救死扶伤的角色给了他像国王那样行事的权力。职责所在，有时候除了延迟似乎别无选择，但有时候却也不见得，这事在每个人身上都可能发生。从急诊或延长诊断，到认为自己有作为救世主的绝对权力让病人等待，似乎只有一步之遥。社会分工不同，在时间的权限上于是也出现了等级，而谁有求于人谁就是那个应该在时间上让步的人。当然，不会有人敢于向对方明示这一权力，因为人在心中总会找出许许多多的"好理由"，让自己心安理得。然而，比拼的结局似乎早已确定。医生在他的王国里是国王。我们也是，当我们多少觉得自己有权让人等的时候。

与时间的关系从古到今一直都是这样的，对自己拥有最高权限的宣示，就是让人等。在日常实践中，这一关于时间的竞争比表面上看要更为复杂。人们在实际生活中就可能遇见：许多人——无论其责任大小——对迟到习以为常，但仍有人在同样的工作中尊重别人的时间，并视此为一种荣誉。缺乏时间观念，与教养有关，与教育、文化或前置感有关。尽管如此，还是会出现一个有象征意味的疑问：谁等谁？谁有权力让人等？与时间的关系化为社会鸿沟的象征，或高人一等的象征。有大把时间的人（病人、老人、失业者、有依赖的人）看着工作忙的人并等待之。有时间成为脆弱者的标记。情况有可能不这样吗？在中国传统中，懂得等比让人等高明，而真正的掌控，便是每个人对自己个人时间的掌控。

主子与奴才的辩证关系，悄然再现。主子得到让人等的权力，稀里糊涂地进入了与时间赛跑的跑道，出现时间病的征兆。看着时间流逝他自己越来越难受：横向的时间嘀嘀嗒嗒时刻敲打着神经，他的权力会让他忍无可忍，他很难集中精力。时间的飞逝成为烦恼之源。医生成为病人，而病人若能保持心平气和，虚心静待，就跨入了某种形式的智慧。

数字化时代的时间伦理

大家都知道,等 15 分钟对我们生活不会有任何改变,与其大发雷霆,还不如静下来度过一段美妙的纵向时间:读几页书开窍,休息或者祈祷一会儿。然而,要想进入澄明的心境,难处不在于等不得而在于想到自己被时局绑架,自己的时间或者说自己的生命不受重视。这揭示了时间伦理不好的一面。伦理(希腊文:ethos),一种存在和行为方式,通过改善自己与他人与环境的关系来进步,成为一个更加完善的人。伦理所涉及的与其说是结果还不如说是价值,不应把它简化为一套行为规范。时间伦理表达的是:在时间安排中如何对待别人的时间及价值。他人,无论是谁,都会有他的难处,他的时间安排,轻重缓急。忘了将之纳入考虑范围,有意也好无意也好,就是在说他的时间没我们的重要。在一些大的组织里,如医院、企业和公共管理机构,我们会感受到这种默认的伦理:会有一个权威机构来决定、安排所有人的先后次序、轻重缓急,以及时间的分配与节奏。开会开 5 个小时,立即反馈、立即汇报,因为有数字化技术,当下视频也不管在另一个大陆此刻是睡觉时间还是回家接孩子的时间……

人类需要新伦理,关于时间的伦理,这也是数字化特征从反面揭示的。一方面是一个劲儿地无意识按键换频,另一方面是要求别人在工作中配合我们的时间安排;对他人时间的不尊重也是一种暴力,不太掩饰的暴力。关心别人的时间并不一定会导致无序或低效率,但却要求我们将其作为一个要素,在安排中统筹考虑,提前布局,调整互动。要怎么做呢?任何行为规范或者规章制度都不会提供现成的方案,人们需要的是一个指导性的伦理原则,核心是尊重对方。

尊重对方的时间所表达的其实就是人在时间中的平等,亦即面对时间所有人的价值都是平等的。康德的律令可以表述为:"无论是何处境,待人的时间如待己的时间。"根据这一先验原则行事,那就是无论处境有何不同、情况有多紧急、官职有多大,每个人包括你自己的时间都是同样珍贵的。

追求效率的模式决定我们把时间表征为横向的,所以按上述原则行事较难。尤其是你唯恐在时间赛跑中落后,还要尊重他人时间,准时到场,则更难。他人的时间并非自然存在。它与我们的相连,邀请我们进行拉锯般的协商，以发明一个应时应景、两全其美的解决方案。要知道在数字化时代，所有人都会有这种隐隐的期待：在时间的分配上被当作人看；反过来，只知不耐烦，只根据自己的轻重缓急行事，像一个没教养的人，忘记了对他人的起码尊重，这种情况越来越多。不再有时间回答、回信、说声对不起、让他人先行。时间在加速，时间总是不够，这种逻辑容易让人忽略他人，忘却上面提到的那些彬彬有礼，那些对人的关心。后者是良好关系的基础。后者的特别之处就在于在赛跑中停下，在生活中绵延——花时间去听去理解，去回答去致意去表达谢意。不被承认的危机，波及家庭、社会和职业生涯，让人开始质疑：为什么事情急或事情比较重要，我们就忘了停下来？承认对方，也就是回到上面的那些礼貌举止。简单的举止，但在今天却又很难。乌托邦幻想？伦理律令其实只是一些建议：给意识一些导向性原则而并不强制其行动。今天，在生活、工作或游乐中，分秒飞逝，屏幕上随时可见，我们需要感受到上述时间伦理的有益效应。中国人关于时间的实践在此尤其有用。虚位以待，随时有空，种种关心和礼尚往来，有助于搭建出相互信任的关系。

中国伦理其实也讲效益。走下跑道的目的何在？关心和礼貌能解锁吗？2014 年，法国一家 FTI 将被中国某集团收购。所有员工都非常担心，于是工会准备阻止这一收购案……结果呢？收购者是中国南方一联合企业的总裁，他去厂子里待了五个小时。用五个小时来观察和理解人的行为和事情的实质，以便对其过程有一个真切、具体、细致的观感，以确认每个员工在其岗位上的效率。法国相同级别的领导，没一个来厂里待过两个小时以上。工会的头儿们见这领导用这么多时间来倾听，也完全转变了立场。是战术还是伦理？用中国人的观点来说，这问题没意义：心愿展现于结果，只要加强了互尊互信的关系，是伦理还是战术都无所谓。"是你为你的玫瑰花费的时间使你的玫瑰变得这样重要"，圣埃克苏佩里如是说。工厂员工永远不会忘记这句话。

六、"放下！说时容易做时难……"

瑜伽课让她受益匪浅，为上瑜伽课她不知做了多少努力，可还是常缺课。事太多，她反复对自己说工作超量了。她读过埃克哈特·脱利（Echhart Tolle）和吉都·克利须那木蒂（Jiddu Krishnamurti）[1]，晚上一回家就点香放松自己。可这节瑜伽课一开始她就不停看表。她想自己忘给老板回电话了。瑜伽师发现了她的焦躁，悄悄地在她耳边用颇有磁性的声音说："请放下。"

到底放下什么？

谢谢菩萨教我放下！倘若经历过开悟，或者六岁开始随祖父练武术，要放下可能比较容易，但对此刻的她来说，就远不是那么回事了……她双腿坚持了几分钟，然后麻得不行。她放松腿。请注意，放下并不是放任自流。否则我们就不会在企业讲这个概念了。发现东方文化所孕育的智慧对我们个人成长和行为已产生极大影响，令人格外惊喜。将企业比作一架集生产、预测和控制于一体的大机器，那么给人的感觉就是企业需要人来为其齿轮上润滑油，为会议提供幽默；换言之，提供信任和呼

---

[1] 埃克哈特·脱利，2008年被《纽约时报》称为"美国最受欢迎的心灵作家"，2011年被沃特金斯评论列为世界上最有影响力的心灵导师，他的书能让人们从不断重复的怪圈、沉浸过去的状态中解脱出来，在唯一拥有的当下创造；吉都·克利须那木蒂（1895—1986），印度精神领袖，其精神哲学的基础是拒绝有组织的宗教，通过内省达到自我实现。——译注

吸空间,所有这一切其实是一回事。放下,有些西方人会说"我信",就像他们说信针灸信上帝一样。西方文化正是在此受阻了。放下,它不是宗教,而是一种存在方式。它不需要我们去"信",只需去践行。千万不要谈信,那只会让人附加一个希望,一个意志的指向,指向一个饥渴的结果,于是未来踏着行军步,又逼来框定我们的思想和感觉。为减肥、减压、启智等目的而练瑜伽或打坐,那不叫放下,因为你的心还在跑道。人所要放下的,正是其所执的目标。中国人说太极对身体有益,但练太极时却要清空此类想法,完全沉浸在身体的动作中,不再想任何问题,任何关于将来的问题。无求,无欲,无思。这对西方人来说却很困难,他们是求无求,欲无欲,思无思。必须从这一精密的意识中挣脱出来,这意识伴随着我们的思想与行动,让主体的存在与思想、意志与主权(souveraineté)合二为一。存在就是一个对存在有感觉的思想,笛卡尔的《沉思录》把我们锚定在这一信念里,没了这一感性意识,我们就会迷失,淹没在没有确定性的、只有幻象与偏见的汪洋大海中。我们还被告知,要想获得预期成果,就必须努力,就必须集中精力于一路,坚持不懈,就必须"执着"。因为"有志者,事竟成","where there is a will, there is a way"……总之,从孩提时期起,我们就体会到我们的"自我"举足轻重，唯有立志脱颖者方能出头。始终是我、我、我："我"的想法，"我"的观点，"我"的意愿，有如刻印的数字化痕迹，构成我的独特性，令人惊讶……

反思、意志、自我：几千年的历史和思想，不会因为上了几节瑜伽课而消失。谢天谢地，难道我们西方人的集体心理或内在心理，不也是千年积淀根深叶茂的吗？我们既要承担之，又要在自己的文化中寻找放下的办法。

观察与体验

打坐和练武术的中国人通常不会有西方人这种疯狂的需求：一味要解释，要使用方法。他们一头栽进学习中就如扔进游泳池的婴儿，一切全凭本能。随着动作越来越熟练，自然而然地就会找到最合适的。在亚洲文化里，"放下"这个概念其实没有用，关键是一开始就无执，只是去观察，去感受实际生活中事情如何进行。"无为"即不要强行。先学会笑、睡、呼吸，智慧自其始，再也没有比这更简单的事了。不再是紧抓，而是放手，顺其自然。停止分析、存思，停止记动作和观点，这不仅是瑜伽课的要求，它还属于一种文化，构成一种把握时间的方式，宇宙加心灵的方式。中国人的精神时间既不是一个概念也不是一种纯个人体验,它要求我们随自然节奏而动,自然节奏不为人类所独有,尽管我们体内的气感会与之共振。那时间不是个人的,也不是为谁而存在的,而是水的、山的、天的。与气感共振,这与"个人成长"的观念风马牛不相及,唯有谦谦君子的"自我"方能一窥真容。严格地说那是"非个人"成长,需要从个人欲望、个人观念中解脱出来,如鱼游水,游于时间绵延的浑浊之水。这些说法对西方人来说太过于玄奥。尝试亚洲人的被动方式,与大自然相融,不分彼此,这让我们非常不自在。"放下"不是一个方法,而是一种对时间的态度:接受时间不属于人,接受时间的精神维度。"放下",要与同事、与朋友、与孩子一起放下:身体之路,内心之路……信任之路。既非乐天派,亦非虚无主义,恰恰相反。其意为:过度的控制欲、分析欲、预测欲只会毁掉意义和生命中一直沉睡的潜能。它深知:不断地咬紧牙,握紧拳,攥紧当下,后者便会紧张得抽筋并产生无法忍受的疼痛。它是身语和心语,诉说着人们对过去、对当下、对未来的信任。在中国的公园里,清早起来就见到一群群人在千年古树下练武术或放风筝。放下,他们不学便会。那源自一种集体血液,人人乐此不疲,笑的艺术,享受的艺术,衔接慢动作的艺术。

如何"看"世界？

没必要多说，摘下眼镜看本色的世界，热爱当下。不要谩骂这个时代，反复强调人类正奔向灾难。我们需要转换思维。庄子[1]提倡"弃智"，他告诫我们不要受聪明才智的诱惑，要守愚、守童真天性。我们西方人关于时间的表征和对于生活的看法是有问题的。西方文化对放下观尤其隔阂，不过自身也带有自愈的种子。西方的文化中也有类似的呼唤：消减精神/智识之光，进入更细腻的感知。"聪明人拘泥于其所懂，结果反会执迷不悟。必须重入糊涂以进阶澄明。想想陀思妥耶夫斯基，还有《小村》的福克纳。"[2]

爱世界并不意味着用天真无邪的眼光看待所见或所做，而是有勇气进入人、物又不将之紧攥在可悲智力的手心里。人们当然可以沿着维特根斯坦所辟之路，虚心听从他关于伦理的教诲——据这位哲学家说，我们只需面对

---

1 庄子（庄周），公元前5世纪中国思想家，人们把集道家之大成的《庄子》一书归于其名下；又见毕来德（Jean-François Billeter）在法兰西学院极为精彩的《庄子四讲》（*Leçons sur Tchouang-Tseu*, Editions ALLIA, 2004）。

2 François Roustang（弗朗索瓦·卢斯坦），*Jamais Contre, d'abord la Présence d'un Corps*（《从不对着干，首先身体到场》），Odile Jacob, 2015, p. 550.

实然世界而不是其表象,心领神会之。这眼光既是伦理的也是审美的,从属于一种神秘感,一种与实然存在的精神联系。对于此在和正变,若想心领神会之就必须放弃应然。不要去给它打高分或打低分,也不要企望它更美好。

书法家不上课,也不讲任何理论:他只做,看学生如何动作,或稍微纠正一下他们手腕的倾斜度。他和学生们一块喝茶,对之微笑,探寻其欲望。看毛笔在砚台的墨汁中绽放,心旷神怡;至于书法,随时间顺其自然,在时间中不停练习,不苛求成功,会写好的……一直爱却不强求。然而,说内必有外。"放下"不是回避行动的逃逸,而是陪伴,是对将获取的结果始终保持一定距离。"什么也不做,就是不要有什么特别的动作,不要止于某一思想、某一情绪、某一感觉。什么也不做于是变成了任由其自行。任由自行相当于没有限制的接受态。当我们对什么都能够兼收并蓄,无论什么,当我们没有偏爱,无欲,无任何规划,我们所触摸所接受的就不会是别的,只能是行动的力量。"[1] 说得真好,弗朗索瓦·卢斯坦的这

---

[1] François Roustang(弗朗索瓦·卢斯坦), *Jamais Contre, d'abord la Présence d'un Corps*(《从不对着干,首先身体到场》), Odile Jacob, 2015, p. 550.

番话说明我们法兰西文化也蕴涵了开发上述道路的可能性。我们要做的显然是审视自己看当下世界的眼光并深化之。停止奔跑，停止抱怨，迫使自己开始笑，这很可能是一条路。开始看。因为奔跑者是不会看的。有意思的是，正是通过看，通过外界的意义当然也有思想的意义，我们有可能进入一种内在的"任由自行"。自一呼一吸间看世界，不作评。去体会每刻都在发生的选择：看还是不看，爱还是不爱，怕还是信任。

我看这枝黄玫瑰，遗忘在桌上的黄玫瑰。我观世界，自我所接收的可感世界。一边看世界，一边为它的种种暴力、种种荒诞而悲哀，但我拒绝诋毁之。我不会说它肮脏它凶险。我可以沉浸在《圣经》里——这是我的文化、我的精神支柱、无声遗产。我打开书。偶然，我选一首圣歌，开始唱，不求甚解。

通往放下之路，漫长且关乎内心。

七、毁人的时间

向后拉扯脸皮。每个人都可以自己试试，用两只手把脸皮往后扯。真有趣！脸上的山岭洼地被抹平，一片光滑，恰似从前，青春年少时。两只手也开始起皱，它们用劲向后抹出的面容风景，我儿时的故园；一松，面皮如皮筋回弹，堆回模样如故。这让我想起祖母。我曾经很喜欢在她手臂上把皮擀过来捋过去，现在是我自己的手臂了。时间残酷无情不容置疑啊！读过西塞罗的《论老年》[1]或求教于中国传统都没什么用，时间风化瓦解身体如故。西塞罗在文中推荐了一种理想的老去方式。他甚至想让我们相信老去得是好是坏完全取决于我们自己："和气、快乐、睿智的老人不难面对老去这件事，但性情乖戾、无病呻吟、阴沉忧郁，在哪个年龄上都不是好事……"谁老去？以哪种时间方式？这就是问题的症结。

是的，要不了多久，我的身体将化为废墟，更不用说大脑，它已经倦了。但这就是所有的一切吗？时间有可能——在某种情况下——变成一位密友（如何促成之？），领我们进入另一个世界；在那个世界，老去不是走向衰败而是踏上另一征程：诉说人生脆弱的崇高密道？

---

1 *Savoir Vieillir*，亦可译作《学会老去》。——译注

意向性时间

现代社会理性至上,成功地为人类生活带来了无穷好处,其反面则是所有意愿的终结。智力,对人类的进步和安全做出了巨大贡献,但也让人承受了沉重的失落和没顶的焦虑。虚无主义不再是一种哲学思想,它成为日常呼吸的氛围,盖在我们表盘上的绝望纱巾。根据这一表征,老去就是终将失去一切,终将一败。个人的一切变得缓慢,失去自主,离死渐近;老去是一个考验,与某种时间观密不可分。如何承受?如何准备?还是死抱着赛跑的观念,为被赶下跑道而万分羞愧吗?

老去,修改了我们整个的生存,就这一点而言,也审讯了我们的时间观。它不要求我们问自己"到哪里去",而是问"三十岁后始老去,这考验一开始究竟想告诉我们什么,白驹过隙或镜花水月?"敢于深层次地咀嚼这些问题,最后就能跨入心灵层面的时间观。毫无疑问,现代性所缺的,所有企望超越时间的人们所缺的,就是这种时间观。

老人提醒说,我们被判必须依赖他人,从技术角度讲,我们很快就会"出局"。竭力反抗,毫无用处,没顶之灾,避无可避,老人将被送往虚无。一切都将不复存在:他们的眼光，他们的爱，他们的痕迹。我们今天为理性化支付极高的代价：忘记了有可能去体验另一种时间，去体验时间的永恒。根据永恒去看、去爱、去生活。置身于离世之人的护佑，回想他们的那些话语，和他们一起祈祷，分享他们的经验，听一段你爱得没它活不下去的音乐，攥紧临死兄弟的手，在父母枕边说句话，体会泥土在手中成形，哭泣亡友，品尝言辞如尝名酒，精神进入永恒，对日历不屑一顾的永恒。永恒时间呈献于此，它就在此，不与时钟所标之时间对立，藏于时钟时间深处。按尊德勒（Maurice Zundel）的说法，它是"一个里边的彼岸"。[1]

延续长一点……

"爱生命与爱长寿是截然相反的两件事……所有真爱或梦聚一刻或汇于永恒，绝不会归于长度。"尼采在《不合时宜的沉思》中如是说。

拜长寿，求无病，无老年迹象。究其根由，是拒绝或忘却了永恒的时间。时间的考验与对永恒的体验一旦分离，人就只剩下一个目的：尽量少痛苦地活更久。奢

---

[1] www.mauricezundel.com (sermons).

望逃脱疾病、苍老甚至死亡的魔爪,那简直就是一个虚无加极权的乌托邦,一个拒绝生命拥有永恒成分的乌托邦。

把什么留给儿孙?波托克斯注射器、数字化义肢还是我们绝望的眼神?或这种可遇不可求的、居住地球的独特方式:在当下此刻与永恒之间签秘密协议?要求科学技术护持我们娇嫩的容颜、身体的机能到百岁,这就是一直以来人类的期待:消灭时间以及时间给生命造成的种种问题。这期待是理性的吗?让我们再来听听维特根斯坦是怎么说的:"我们感到,就算解决了所有可能出现的科学问题,我们生命中的各种问题照旧完整地存在。"[1]

科技进步确能帮助人类抗住时间流逝的恐怖压力,但,让人的一生过得有尊严有价值,却不是科学技术能完成的任务。热爱、希望、身体力行地参与世界、按照生命中一个个阶段的节奏来摊开时间所提出的一个个问题,这些,都和技术进步没有任何关系。不要老说"太迟了",要想想正是在时间不多时我们才有了进入永恒的可能。自七十五岁始,践行永恒,可避免部分抑郁症。世界从来就不是我们眼中的那个,也不是我们理解的那个。静观,祈祷,倾听,微笑,学习。内心的纵向时间在受伤的世界举

---

1 Wittgenstein, *Tractatus Logico-philosophicus*(《逻辑哲学论》), Proposition 6.52.

步维艰:赛跑结束了,我们清楚地感到生活节奏开始放缓。老年,是回归内心的时间。它汇入世界时间,世界本身也在老去死去,日新月异。到八十岁,依旧未结束,却是从头开始时。开始什么?随便——吉他、书法、祈祷、节假。我们有的是时间,我们是永恒。不要吹熄生日蛋糕上的蜡烛,好累;让我们自己化为火焰,燃烧。对头:无限,开放,让人赞叹,一切皆有可能,直到最后一刻,日日新,成新民。

中国式整容

中国传统告诉我们,要想打胜仗,只敢战不行,还须有备。老去,是一场胜败早就确定的仗,只看你是否掌握了所有有利的因素。整容当然不是最佳解决方案。固然,随着购买力的不断提升,成千上万的中国女人也跑去整容,为躲避岁月的摧残。一个以祭祖、尊老、放下为基本信条的文化,怎么如此狂热地产生了西方人才会有的反应呢?毫无疑问,他们也进入了世界竞争的快车道,也染上了时间病。大部分中国人,无论男女,都有把白发染黑的习惯;在发展跑道上,他们魂牵梦萦的大概是要改变集体落后的局面。"更多更快"变成条件反射,理所当然得让人无语。尽管如此,西塞罗所提倡的"好好老去"之路却仍然刻录在他们社会或家庭的组织编码里。一起唱歌、打球、做柔体操,一种轻松写意的时间,在公园里弥漫,八十岁的老人如儿童般有玩兴,丝毫不担心未来。

还是在中国,我们最容易领略到老年与少年的融洽相处。学校的铁栅门打开,放学的孩子们奔向等在门口的爷爷奶奶,看见爬满时间刻痕的面容上绽放欢笑,是一种幸福;提过小王子们的书包,花几小时为他们准备一顿丰盛晚餐,是一种幸福;无比虔敬地照看他们打开作业本,是一种骄傲。老年拥抱少年,老年看顾少年,老年感到自己要对少年负责,这就是老来的幸福;倘若失去这上天的恩赐,我们就会患病,因为它是生命的拥有。老年是传薪之时,馈赠隔代传递,至今见于中国。爷爷奶奶照看孙儿孙女,充满骄傲地延续着家姓的生命和情感的链条。至于那刻在中国文化 DNA 中的对延年益寿或长生不老的痴迷,也与之并行不悖:保持健康灵活,不就是为了和五岁的小孙子一起跑一起笑吗?

我的外婆喜欢大笑,满脸皱纹,很美。她永远不会有整容的念头,但直到生命最后一刻,她还会想到化妆。口红和香水永远不离她的床头柜。看见她,不难猜出年龄。没人会说"她显得年轻",但她的优雅、她的眼神,还有她那含而不露的骄傲，却令人如饮甘饴，如沐春风。十岁、十二岁、十八岁、二十五岁，我常去看外婆。她就像一棵老橡树，为我遮挡风雨。我知道她经历了两次世界大战，虽然她很少提。她的年纪庇护着我，爬满青筋的双手是我紧紧抓住的救生圈，说真话，一生中有数次，是这双手让我免于溺亡。她的眼光牵引我的话语。年龄大了她更易激动，想笑就笑，想哭就哭。她酷爱听我们说话。对她而言，听我们说话，就是她"好好老去"的道路。

八、盗时间

7:20。艾克斯，圆亭咖啡馆。就他俩。简单的早餐。对面楼房的百叶窗一扇扇打开，一个服务生扫地。时间不多，只有40分钟，但却是最纯最真的时间，手握手，为一天的工作互相打气。从每天的时间中窃40分钟，来细赏并反复阅读爱人的脸所透露出的无形的情。在眼前人面前，我们是谁？40分钟让他呈现于我的惊叹，看他，不是第一次而是最后一次，去体会我们之间其实需要进一步相知。与钟表争时间，互化为对方的时间节奏和尺度。人们忘了这才是时间本该有的用途。日理万机难得空，一分钟也不容浪费。但在这里，咖啡馆里，他们窃来时间扑向对方。整座城市祝福他们，还有什么是比这40分钟更贵的奢侈品吗？

撬动时间

若普罗米修斯来到我们的世界，他不去偷火而会去偷时间。

时间让我们相互发现，相遇、相知、相恕。这是时间的真理。它是权力亦是赠礼的钥匙。它是恩赐，我们因之身轻如燕，踏着舞步般的节奏飘向对方。是时间让万物生长。过分地把时间当成敌人或稀珍，我们便忘记了时间的本质。所谓时间越来越少的缺憾，若想补偿，唯有为爱来一次抢亲。不要说没有办法，组织工作和责任义务占用了一切。请去找回纵向维度的时间，哪怕是几分钟！弹奏时间之歌，告诉它"够了"，让它知道它不能做主；我、你、我们自己才是自己的主人，我们只需还时间以一个真相。不要再说没时间去爱我们所钟爱之人。不要再看我们的那些屏幕，请去看人的脸。不要逃逸时间蕴含的可能：面向对方，在晕眩和柔弱中神魂颠倒。

存在的，已在逝去：父母、工作、朋友、孩子、生命。

这就是时间的真谛,被我们遗忘的真谛:它葬万物生万物,每刻育出新生命。找回时间的价值,找回它承诺的幸福。为爱、为友谊盗取时间。当时间挣脱横向维度,生命脱出凡俗常规,闻所未闻却又那么简单。偷得浮生片刻闲。在家偷时间,与朋友一起偷时间。逃逸种种日常事务,任心远游,不考虑下一刻有多少烦恼。接受当下瞬间的惊喜。普罗米修斯若归来,定会去盗时间,那将赋予西方精神一个全新的自由,战胜恐惧时间没了的自由:以爱为标记的时间。普罗米修斯有可能追随耶稣去布爱。

宽恕的时间

盗取富人的时间给穷人:观与看,爱与恕。耶稣在地上写写画画,给老人们留时间站起来离开审判场所;旁边群众如烧红的烙铁,冲动地要用石头砸死通奸女。谁知道耶稣到底和那女子说了什么?她不过是和情人在咖啡馆相聚了几分钟。人们记住一个动作、一个姿态,还忆起一把铁钳缓缓地松开。一个眼神,让人有了喘息的机会。耶稣在地上写画,仅仅是要争取时间。什么也不做,什么也不说,让每个人自己熄火,蹲地上,让延展的时间得到更大的空间。时间飞逝,从审判方强夺来一点时间。仇恨是一架待机的巨兽，要让它熄火；宽恕的时间，爱的时间，不是一段程序，不可能自动拥有。用了35分钟逃脱被砸死的命，向救星扑倒在地，张开双臂，下体火热，没有死，从来没有活得像今天这样鲜活！人类救星何在？就是他们，把我等从沉甸甸的时间中解救出来。他们在地上写画，让我们有时间喘口气，于是我们回到了真知。在咖啡馆泡上几小时，说说自己，说说对方，相互发现，相互倾诉。敢于问"你是谁？"或"对你来说我是谁？"耶稣已经把我们领上了路。当他问朋友们"对你们来说我是谁"时，什么才是他想要的回答？只有一个人会真的回答，即那个将来出卖他的人。叛变之念在他心里，一直在。恐惧的时间很快便卷土重来。二情人喝完咖啡看手机。各自发短信说自己要稍微迟到一会儿。大家无声地分手，仿佛两个不相识的人，此时正好二遍鸡叫。

九、这一章只占你两分钟

两分钟？为什么不是3分钟或10分钟？要知道我读文章比较慢。我需要读懂并觉得自己真的消化了。我读得慢且少：阅读就像进食，我唯恐贪多嚼不烂。

一书读经年

对自己说一切都以分钟计,包括读书。这很诱人。这句话表达了什么意思?还是时间不够的压力,现今广告中最强的一种。知道用不了多少分钟就能读一点有用的东西,让人心安。我可以在每天中挤一点时间读书,不影响整体计划。问题就在于一日很短事很多:除了吃饭、睡觉,还要锻炼、思考、出门、工作、听人说话、交换意见,还有读书……技术性的回答很诱人,显得颇有说服力:可以同时做嘛,或者几乎等于同时。如果说读一篇文字只需两分钟,我当然可以一边读一边上网聊天,或看一眼手机上的短信提醒。两分钟真的不算什么,对日常主线活动不会有影响。第一次看见这种标出几分钟的文章时,我真的很兴奋并立即开始读,专挑那些不超过3分钟的文章读。要读得又快又好。花一点点时间就可以知道好多当下发生的事。阅读在此(再次)变成了赛跑,看谁跑到终点用时短。这样做有错吗?开车路上等红灯变绿,灯上的秒表一秒一秒地跳,我真的觉得不错,因为它占用了我的眼睛,教我耐心。我还突然发现自己在读一篇标明为3分钟的文章时一边读一边看表,看自己是不是比一般人快。我做事从来都很认真。

如果阅读就是速读，读越来越短的东西，那还叫读书吗？如果人以后越来越不能够也不愿意读长篇，称作"著作"的长篇，那么人类的智慧、社会的想象世界会变成什么样子呢？

我仿佛又看见自己在一个散发着霉味的房间里，那是普罗万的7月。那年我十岁。躺在床上一本书读了三个小时，记得好像是《悲惨世界》。满心喜悦，确知唯有自己和书，不会有人打搅。记得当时的感觉像是去了一个很远的地方。读书的目的也不是想快快读完，恰恰相反：我害怕很快就到最后一页，越往后，我越有意放慢速度。

读本书你可以读几年。慢读才是真正的读书，读让人离开跑道看世界的书。尽快读完一文，以快为荣，只能说明那文章没多大意思。比如说技术卡片或使用说明书。但一篇文章即使很短，若写得不错，也像是一道佳肴，余味隽永。想想尼采的名言警句，或日本人的俳句短歌。问题不在于文章的长短而在于内容的厚重。为记住书中的一句话我曾花了数小时，觉得那句话揭示了生活的本质。而在别处，我又往往一目十行。有人能告诉我读懂一本书要多少时间吗？如果读本章你只需10分钟，那最好还是不要读它了。不读才最省时间。

一辈子计算时间是很要命的事。文化堕落为计时器和进度表，可她不更应该是阅读世界的雅趣和好奇吗？问题其实只有一个：如何度过我们的时间。时间是一个要护持或者要压缩的量吗？在这儿少用一点儿，在那儿就能多出一点儿……抑或是质？二者兼有，是质也是量。质，亦即我们与世界的感性关系名叫文化，一旦数量观压倒了质量观，问题就来了。要多少时间？这是愚蠢的问题，又不是乘飞机或安排生产（工期、出货期限等）。读书用多少时间？生活用多少时间？此刻我写下这些文字是否也是在生活？不敢肯定。今天我觉得有点累，于是咀嚼这段文字试着写出来，更像是"倾诉"，寄望于时间。时间将令我的期待敞开。自此便不再问自己有"多少时间"，人也变得更自由自信。我依靠时间而不是依靠自己来解决我的困难。你们也可以尝试一下。用质取代量，你会发现瞬间调色板上出现了许多种形形色色的时间：有灰色的时间、粉红的时间，有暗的亮的强烈的，黑的绿的忧郁的，紫的白的细腻的，硬的软的厚重的……临终床上，有人会说"我赢得了50分钟"吗？

质、量不分，文化终结

读《悲惨世界》的时间我本应用来干什么？用来盘诘自己的生活，随着一页一页翻去。要知道文字是呼唤，读者时有回应。读者能听见文字中的声音吗？要知文字首先是人声。

严肃认真地对待阅读，无论是文章还是小说，因为阅读的意义不一般：文字是通途，可于悄然间把读者引上改造世界的道路。所以需有时间专门留给阅读。留一块时间给一篇文章，这大概就是"读"，很简单。找个舒适的位子，一把不错的靠椅，一个安静的处所（不安静也没太大关系），一支铅笔记录。贡献时间来读一章，读一句。细嚼之，记忆之，分享之。身心得充实，在图像和观点中吸收养分。阅读，不只是让文字在记忆深隐处开辟道路。阅读，停止读然后再读，抬眼看世界，体会它的色彩和原来有些不一样了。阅读的时间有点像祈祷，献给世界一片时间，为世界旧貌换新颜。谁将听见文中音？要听见它，有时读书得读到一半，或者没全读懂，甚至有点厌倦。那是一声遥远的呼唤，远于作者本人，作者不过是一个中继站，其文字重新发明、重新复原了这远方的召唤。一如在临终之人的床头，用心听他说的每个词,很可能他想要交代某件很重要的事,没事交代也没关系。

留时间读书,只为读书。要认真还要疯魔:书是指南针,书是拐杖、是真言。请一定转告孩子们:所有我们未亲历或未说出的,书中都有。要创造条件让人们重新开始读书。以前读书需要去图书馆。今天则不难想象,在火车、飞机上,这是上天赐予的最佳时间,要我们读书。新的移动图书馆让旅途不再寂寞。不要杂志,拒绝广告。车厢里摆着小说,乘车两个小时就是在任意一种文学形式中冲浪两个小时。火车上除了供应贵得吓人的咖啡和盒饭之外,还应辟有读书角;检票员和乘务员或者空姐,除了向我们兜售各种小吃和饮料之外,也应该向我们推荐小说。每日读一会儿书,如今看来似乎越来越不容易。那么就到铁轨上、到机翼上、到各种轿车上去读。这才是时间的最佳去处。阅读与旅行,难道不是同一种运动吗?法国国铁(SNCF)就很明白这一点:车站里有电子接线柱给旅客提供读文服务,点击一下就能自动跳出一段短文,就像买一罐可乐或买一包糖果一样方便。不过有一点,那就是旅客不是根据兴趣、书名或能让自己产生幻想的作者名来进行挑选,而是根据待此处时间的长短:短文有 1 分钟的、3 分钟的或 5 分钟的,吸引人的是时间的正合适!"选择你阅读的时长。"对时间的量化,无处不在,这一有创意的构想说明了量化观的强大。"短文"电子柱希望以此来吸引读者,因为时间很紧时间有限,并假设这是文化的基本需求。读书,当然要读,但不超过5分钟。学习,为什么不?但马上又去干别的去了。人人皆知快读电子柱不提供《安娜·卡列尼娜》或《世纪传说》的完整版,但能提供一些段落不也很好吗?让这群在火车站挤挤攘攘、水平参差不齐的读者去挑文章、挑作者不是为难他们吗?那么传递什么内容和价值,是不是有包办的嫌疑?为了避免对内容、对作者的争议,避免主观性,一切都根据一个最可怜的指标来设计:可争取到的时间。一个剥去内容的选择,一个为没有年龄、面孔区别的读者所做的选择;读者被假定为没文化、只想赶时间。快读电子柱这个例子很有意思,一下子将人置于强张力中:文化的时间在本质上是细嚼慢咽的时间,它邀请你深入进去,不能忍受不断刷屏或一目十行。文化的时间即便很短其实也长:它说话的对象是有面孔有身体有文化传承的,各有各的经历,各有各的欲望和兴趣。刺激旅行者的求知欲真的了不起,但向其保证只占用他一两分钟,却又变成了一个哗众取宠的噱头。在这讨人欢喜的屏幕上,大概我们更想读到这样一段话:"读几页雨果,大文豪的文字会让你错过火车,抛下电子游戏,永远忘不了一门语言!"

十、做事要快

开轿车,有人喜欢超速,绿灯一亮就急冲出去。参禅者的形象让他们感到愤怒,因为后者云起云落淡然处之,吃饭如持"正念"(mindfulness),一片一片地细赏翠叶,绿色色拉的菜叶。通讯和移动时间的加速,令前者兴奋莫名,有"快"感。登机牌恰似魔棒。飞快的速度令人熏熏然迷醉。

中国人为什么这么急?

科技速度日新月异,似乎一切皆有可能,伸手可及,放眼可及,抬腿可及。越来越快的速度让人类仿佛长了翅膀。喜欢一切都快;何苦自找苦吃,去分析什么一路上的岩石状况,不如捡些石头片片打水漂。中国变得太快,快得令人难适应,令中国人自己也难适应,他们常常这样抱怨。总之,快节奏压倒了慢吞吞的亚洲风。仿佛有来自未来的动力在推着这个国家前进。它不是"倒退着进入"[1]而是单脚跳着进入未来。

匆忙的风格只属于部分中国人:他们最忙,仿佛时间总是不够。可实际上完全不是那回事。你总可能给某个位高权重者直接打电话并在当天见到他。处理事务最多的或者最忙的那个人,往往不是真有决定权的人。中国人忙啊,写伊妹儿他们觉得费时间,再说文字让关系变得生硬;用微信留言更有效,而且还可以随时根据时局的变化来进行补充。中国人有很多时间花在飞机上:见一面,哪怕只见几分钟,也比只交流不见面要紧得多。他们认为现场观察、亲身体验反而会大大节省时间。学校里学的理论和假说,不会让他们产生激情。中国人在世界之流中向前涌动,在大多数情况下,他们会觉得我们反应慢,太慢了。有幸见识过一次两个企业家的会面,一位法国的,一位中国的。谈完后中国人立即对法国人说:"最近再见一次吧!"法国人提议三个月后见,可中国企业家已计划下周去法国。"快"与优先处置有关,与各人给自己预留的自由有关。法国企业家计划三个月后再会面,觉得自己已经表现得相当

---

[1] 我们在此重申保尔·瓦雷里对西方人的警告:"千万不要倒退着进入未来。"见 *Regards Sur le Monde Actuel*(《当今世界面面观》),Chapitre *Respirer*, Folio Essais, 1988, p. 305。

积极了，因为之前日程已排满，很多安排无法更改。可中国企业家觉得所有其他安排都是可以调整的，所谓预定的安排是提示而不是规定，觉得必须马上再见，才能更快推进关系。"明天还是三个月后？"谁对谁错？我们与时间的关系揭示了我们所拥有的自由，自由涉及我们想要什么，以及我们如何把握未来。柏拉图的《会饮篇》说："欲望生于贫乏。"我们则说"求快"反映一种期待，期待一切将完满无缺。当然，这期待只能是镜花水月。"犹如丈夫，现身帐篷外，以征服者的姿态兴冲冲合身扑来。"（《诗篇18》）"求快"表达的是兴奋，是食欲，是冲动，与经济、文化、工业的发展密不可分。这也是我们今天所见的中国游客的节奏：于数日内周游世界，让人觉得快得过分，没时间细赏、记忆、消化。恰似一个孩子走进一场丰盛无比的冷餐会，到处堆满了糕点和佳肴。孩子迫不及待，那不是怕别人吃光了，而是兴奋得不行，发现了一个美妙的、放开的、好吃的东西多得不得了的世界。

急匆匆还是兴冲冲？

快感与心智或缺时间没有多大关系，是一种主动地或反应性地处理信息的方式。灵巧如杂技演员的手，对交流或决策快速反应。它假设了信任和适应，两种开放的、正面的、面向未来的态度，两种它企图合并的态度。快感既是神经生物性的，也是心理的和文化的。快感没有年龄。

合身扑向爱情，对这一形象，我们可以站在身体组织或文明层面上来思考。《圣经》中的丈夫现身帐篷外，并不匆匆，只是兴冲冲迎向心爱的女人。他没有丝毫担忧，没有危机也没有必不可少的竞争。他心中有数。他兴冲冲，这种"快"是内里的体验，如激流如闪电，只属于他。这快感不屈从任何外在强制，无论是政治的、金融的还是数字的，只服从感觉的律令，只憧憬爱情的无际远景。

关键在于找到一种文化的或集体共通的"快"感，其外标有爱欲，其内无穷丰富。帐篷外，爱妻之所在，此时此刻，不涉及未来。她不是一个需要到达的目标，得到她不在于本领，那仅是永恒背景上的一次相遇。唯有绝对信任，唯有超越常规尺度、常理揣度的绵延，才能孕育快感。蕴含无限可能的中国时间，让快感得以涌现。摆脱我们的懒惰，摆脱我们的放弃，让对无限求索的欲望喷涌，这无限即中国人在山水、在天空所窥见的无限。不要做匆忙人，时时怕赶不上趟儿，做一个兴冲冲的人无须看表，因为身在无限，他有自己内在的节奏。快感是在时间中行进的方式,它挑战惫懒、挑战恐惧、挑战兴趣的缺失。在这一冲动中,圣保罗口中的田径运动员会严于律己,严酷训练。偷懒者与胜利无缘。快感可以是艰苦奋斗,基于精神上的活力,也可以做出某种牺牲:一下也不休息,其目标可以是桂冠也可以是别的什么,无论年龄或处境,眼睛追随前边的火炬,火炬标志的不是终点而是中继,奔向即使不是永恒也是无限的时间。

伊卡洛斯的飞升

彼得·布鲁盖尔的油画《伊卡洛斯的坠落》(见彩图 2),画右船旁海水中,有两条倒过来的腿正在挣扎:华美的画面,凄凉的细节。神话讲述一个落水的故事,溺亡是其结局。那是 1558 年,布鲁盖尔决定画一幅油画反映正在经历巨变进入新时代的世界。画中有多个角色参与了运动。远处的太阳作为透视焦点格外吸引眼球,但观画人不知那到底是早晨还是黄昏。前景有一耕者犁地,双桅纵帆船鼓满风帆,驶向遥远港湾,一牧羊人在散乱的羊群旁神游天际,一垂钓者正往爱琴海里下钩。至于伊卡洛斯,此刻正被溺毙,从此与世界进程绝缘。伊卡洛斯见太阳而兴奋莫名,他完全忘了父亲代达罗斯的交代,要他千万小心:他飞行用的翅膀是赶工出来的,所以既不能飞太高也不能飞太低——我们还想补充说,不要飞得太快也不要飞得太慢。希腊用技术(métis)指导行动,以期避免"过分","过分"导致灾难。无论做什么,无论什么情况,都要把握好"分寸"。可年少的伊卡洛斯一往无前。这一往无前很可能是毁灭性的,但也可能是创造性的。为太阳所吸引,少年眼中再也看不见别的,晃了眼的少年不会停下来。飞高再飞高,飞快再飞快,伊卡洛斯享受当下快感的浓烈,仿佛时间静止。这就叫飞快。然后,猝然坠下。伊卡洛斯无悔。他不知何为休息,没想过要获得某种保险,更不会去分析那有多大风险以及如何避险。快且强地活上一把,哪怕最终溺亡。作为生命的体验,"快"的另一侧面就是热衷于冒险。并非对不确定性进行计量,以减轻之降低之,而是对不确定的欣然接受。因为有一种幸福就叫作不知晓、不预测、不肯定或者……找死?因为不确定性揭示了一种力量,对未来抱有信任的力量。感悟常在不知时。于不知时钟情、创造、尝试,毅然跃出自身局限和预设程序,成为主体。伊卡洛斯在奔跑中出了错,他跑的轨迹也不是速度越来越快却不会出轨的封闭循环。他不是耗尽气力被累死的。他回应太阳一如斗牛士面对斗牛。他的投入不抽象,是生死游戏而不是虚拟游戏。不梦想永生，不奢求"苟延"。伊卡洛斯优化了他的人生处境。不是对之理想化，也不是超越。不屈服不听从，他匆匆奔向太阳，即使溺亡。这一无意识的行为中有着某种只属于人类的勇气，即那些寄望于未来又很享受当下的男男女女们的勇气。

固然，人们也学会了这样思考：伊卡洛斯这么年轻就溺亡爱琴海，奔跑的激情化为坠海之旅。我明白西方文化对神话做这样的阐释是为了防止青年男女因激情而自毁，提醒他们保护好自己。尽管如此，与西西弗斯（Sisyphe）的命运相比，与那些到末了无比厌倦的人相比，我还是更喜欢伊卡洛斯的命运。

润物细无声：中国人的时间观

一、时间可两用

北京城一切都在变。没日没夜工作，有时间才睡一下。刚发现一家餐厅，可过一个月去就找不见它了；原址上可能盖起一栋大楼，也可能什么也没有，好几年就那么空着。

现当下，我回巴黎待的时间都比较短，很难见到想见的人。个个都有事，就连那些我觉得也想见我一面的人亦无例外。其实我也一样：习惯性地害怕时间不够，每时每刻都做了安排。定居北京后，我学会了灵活安排时间，总预留一点空闲时间，以应不时之需。一周之始，空白较多，然后渐趋填满。随变而变，我尽力去适应。要做好这一点并不太容易，但这是中国文化送给我的最珍贵的礼物之一。使用时间的智慧，是快是慢酌情定。"燃炷香的时间"，这就是我在中国的度时方式：不预判，不计算，只是去感受，观察，等待。

这种关于时间的智慧，既没有固定模式也不是理想追求：中国人和我们一样，忙碌着，茫然若失，忧心忡忡。只是他们从不奢望把控时间：他们摆弄时间片段，就像杂耍艺人抛球玩，许多个球在天地间四下里飞蹿。

时间是空，时间是满

周一、周二、周三……都还是空白页，没有做任何安排。至于说下边几周的约见或会议，我也不是很确定。我知道确定早了没用，没人当真，极特殊的情况例外。记得有位南京大学的教授来电话请我，周一上午打电话问我周四能否去南京做讲座，有点让人无语！我的第一反应当然是高兴，这慰藉了我的自我（ego）：受邀请说明我的工作得到了承认。可一听他提议的时间，我脑袋就炸了。他们这不是在搞笑吧？打电话通知我三天后讲座，甚至感觉不到这时间有点紧，向我表示歉意？难道我是一天到晚无所事事的人，或是随叫随到、候命补空之人？

是何理由并不重要。我心中开始找种种借口来拒绝他的邀请：时间太紧，周四有事……说实话，想到被突然袭击，我难以接受。我的时间比他们想象得要更珍贵更稀罕。为抚慰我的自尊，我甚至开始道德评判：最后一分钟才想到我，没计划，不专业！可实际问题并不在此：周四我没事，是可以去的。为什么不去呢？毕竟是一个前所未有的邀请。在这个事到临头的邀请中，尤其令我不爽的，不仅是没时间好好准备（又是缺时间……），同时也是自己可能只是临时替补而不是真被看中。中国教授之所以敢给我这么短的期限，显然是有其他备选方案的。也就是说，他已经想到我可能会拒绝，但关系不大，他还有别的方案。感到自己在他们心中只是备胎而不是最理想的那一个，刺伤了我的自尊。于是我拒绝，一个人待在家里，像个傻瓜。

中国人对待时间的方式常常叫人受不了。两条路供选：死板或灵活。这选择绝非理性抉择，每遇时机必发生，且还需谨记我们自己是谁，我们从哪里来。那是一种精神的或身体的姿势：像风筝在空中随风飘升，有根线与自己的文化系在一起。

中国人的时间有点中国水墨画的味道：有意留白，逐渐填充。它给我的感觉往往不是太好：没有进一步的抓手，一切要待最后一刻才定。不过，这种不确定性与其说属于时间还不如说属于生活，只是为了少受些生活的折腾。一个坠入爱情的男子面对心上人时不会去看表，也不会下次约会隔三个月。他深知世事无常，最好还是紧追心仪女子，而不是等三个月。中国人挚爱生活，对时间有感情，汉语中动词不变位亦非偶然。过去、现在、将来表达什么意思？没任何意思。时间与其说属于变位动词还不如说属于给动词变位的主体，属于语境，属于语境变换、进退、面向未来展开的方式。从时间的变位过渡到时间的华尔兹,往往很痛苦,后者摆脱了钟表的精准而只关心舞步的节拍。柯罗诺斯(Chronos)[1]害怕自己的孩子夺取自己的王位,于是把他们全吞吃了,而那时中国农民/战略家在播种、培育、期待。吞吃的时间对哺育的时间:恰似一山分两侧,作为柯罗诺斯之子的我们与天之子们一起工作,就常常遇见这一对对立。

这种留白的习惯,或者保持模糊、不精确编定程序的习惯,莫不是起因于特殊环境?现当下中国日新月异,人人都经历着加速度的巨变,所以须持开放态度,随时灵活应变?其实只需读一读林语堂的著作《生活的艺术》,我们就能体会到这种态度深深植根于文化,它表达了一种"对时间淡定的智慧",极其珍贵有益,甚至令人陶醉。

不受迫于时间

"如今的美国人真的很惨,不仅需要确定下一日或下一周的时间安排,还须确定下一个月的。预约三周后,

---

[1] Chronos(古希腊文:Χρόνος):希腊神话中的起始神,宙斯之父,创造了混沌和秩序,代表本源及时间,是超越一切的存在。——译注

这在中国是没有的事。一个中国人收到邀请时,他并不一定要回答去或不去,谢天谢地。若去,他可以让人送回帖子并写上'我来',不去,则写'谢谢';但在大多数情况下受邀者只写个'收到','收到'不表达心愿,只表达收到邀请这个事实。"[1]

和中国人预约三个月后,就相当于我们相约三年后,那只能是说说而已。硬要如此也并非不行,但他们的回答一定是林语堂式的"收到",没人当真。硬来,甚至要为此做担保,那你就太小看文化的力量了:这种文化重运动而轻固化,对它而言,所谓智者就是在时空中与行动拉开恰如其分的距离。使用时间之随心所欲,其顽固程度令人难以容忍,甚至会觉得他们不负责任,不尊重人。因为总是在最后一刻取消预案,逼着你重新考虑孰先孰后。对于不习惯这么玩的人来说,对于想坚持老方案的人来说,当然难受。中国人的时间首先是变化的经纬,然后才是行动的引擎,这一现象让相互的理解变得尤其困难。

---

1 林语堂,*L'Importance de Vivre*(《生活的艺术》),Picquier Poche, 2007, p. 229. 林语堂鼓励有节制地享受生活,追求幸福,写过小说、散文和传记。《生活的艺术》最初是用英文写的(*The Importance of Living*),发表于1937年,1948年首次译为法文。

只规划不预测的艺术

那是在北京紫禁城附近的一次会议,我一辈子也忘不了。桌旁坐了十二个人,理事会成员,就我一个西方人。我们正在筹备一场文化论坛,要商量出一个日程来。面前是一本红皮文件夹,夹着实施方案。谢天谢地,我在上面看见了一些具体的人名和时间安排。例如某嘉宾几点几分发言,会间休息六分钟,不拖延。整体感觉是一切都考虑到、安排好了,明确到人、到分钟了,一丝不苟不容有错的样子。不知为何,我突然间想起问他们:那些纸上写好几点几分发言的人物都有确认出场吗?他们平静地回答说:"没有,这是预案,一切要等到……"我蒙了,在西方人眼中,这纯粹是虚头巴脑。我面前的这份文件不过是一份正在成形的草案罢了。一份未定型的文案。绝佳的道教观。似乎又回到了那一刻:书法家磨好墨摆好笔,万事俱备待挥毫;不是为了弄出一个个汉字,而是精气神的聚涌;重要的不是纸上汉字的意思,而是激情一时得自由,然后一气呵成。

因职业或因习惯,我们大家多少都有过类似的经历,即计划不断变,先放几个人名或时间做样子。我们也都见识过这种准备的规律,有多条途径却还不知道哪条具体合适。这不奇怪，准备过程或者叫作开发过程中必有的现象；奇怪的是，他们把未定之事当作已定的来讨论，仿佛认定它它就能成为现实。

肯定 / 不全肯定：须戏于两极间，然后根据现实来确定，现实拥有最后一票。我发现当时我若不问就不会有人提醒我。众人都是如此设想，投身于其可能性而不是等它全然确定，以促进事物转化。需要杜撰、定形或惟妙惟肖地模仿那尚未成为现实的东西。问题在于保持一种姿态。面对这一规划，我就像是面对着一堵墙，一堵需要建造、装饰、跨过的墙，而同桌的同伴们则像是一些正在研墨的书法家，心平气和地游向远岸。

在中国文化里，一件事摆上日程，只是表达了一种可能，一个愿望，这一方式有可能从正面影响现实，赋予现实一个朝向。说到底，关键还在于下文：反复讨论时间安排是否恰当，某名人是否出席……或者先设计出"第一个样例"，后边再照方抓药，补上十几个？

西方的时间观与之不同，所以一件事到底应如何开展，其方式也绝然不同。有时候我真的是被他们弄得晕头转向，淹没在可能性的海洋中；可我的中国同事们却乐此不疲，游刃有余。我是那么渴望他们对我说："确定了，再也不变了！"孩子的梦或一个西方忧女子的梦，一心只要一个确定性，确定犹如她善于演算的数学公式。再然后呢，随着那要命日子的逼近，很多事情变得清晰明朗，在待办或执行时间中开始有序。在中国，时间像书法。书法在艺术中等级最高。

二、与人相处的时间

两个法国人上午到达北京以参加当天下午的会议。此会议意义重大：他们带来了好几个融资计划，想要说服一家极大的中国投资集团进行投资。法国代表都是重量级人物，声名响亮，受人尊敬，按当下中国大国的礼仪，他们得到了隆重的接待。

迂回术

16：00，没开会先参观，参观设在大楼十八层的博物馆。博物馆展示青铜器，其中有六千年以前的。历史一方面标出我们在时间绵延中的位置，另一方面则暗示中国不急，有的是时间……人人静心观赏，偶尔发出一声赞叹。

16：50，进了一间大厅坐下来。大厅很大，隔得极开，双方远远地用麦克风对讲，中间有个矮桌，多少降低了一些隔空感，桌上有花有茶杯，一位几乎没有存在感的女服务员时时续水。中方集团总裁讲了几句场面话表达谢意，然后请法方发言。中方在座有十人，都一声不吭。整个气氛既热烈又压抑，让人时刻感到邀请方的强大，无形的压力，会谈过程中无名的元素，贯穿始终。法国企业家讲了讲规划的细节，中方总裁听得很认真，但似乎有意避免进入细节商谈：谈细节是后边的事，由专门负责投资战略的团队来谈……然后，晚宴时间到了。

18：00，大家都站起来，相互致意道贺。其实什么也没谈。没人知道中国人是否对投资计划感兴趣，或者是不是上了一堂礼仪课。永远没人知晓，因为后边还不知道要考虑多少别的东西，而且所有这些要素无一不在变动中。中国方面有与会者提议休息一下然后晚宴，可您知道，法国企业家跑了9000公里来北京不是来休息并吃晚饭的。还是坐下来吧，有别的选择吗？

预热术

18：15，晚宴开吃前，总裁又致了几句欢迎辞，法方也热烈回应。然后就是上菜敬酒的千圈华尔兹：站起来，坐下，再站，再坐，轮流敬酒，既是即兴舞蹈又具象征意味。法国人还想再谈谈生意，总裁却问他们喜不喜欢阿兰·德龙。再就是问法国哪几家餐馆好，如何挑选松露，法国鹅肝的质量，等等。坐了十个小时的飞机，可此刻时间就这样哗哗地淌走，溜走，仿佛其他什么都不重要，除了谈大仲马或苏菲·玛索。时间过去了却没干一件正事，然而，其间不经意的一句话，一个神态，都有可能导致皆大欢喜或惨淡收场。举杯敬酒，表达的是一种尊重，并能感受到对方对你到底如何。

法国人的难处之一在时差。到北京时已经很累，所以想尽快谈出个结果。中国方面则不知多有精神，根本就是准备打持久战。吃完饭后他们会不会给出一个信号，谁知道呢？犹如侍从觐见君主，满心焦虑期待首肯。什么也没等到。晚宴的时间被用来放松和享用美食。这就是所谓的随遇而安，及时欢饮。法国人很沮丧，觉得白跑了一趟，他们没想到当下此刻有多重要：对方其实也很忙，抽时间陪他们，就是给他们的见面礼。多少有些懂行的人会说，这下该"熟"了吧？错！很可能才刚开头，由生到熟好比"烹小鲜"，关系便是在小火慢炖的过程中建立起来的。一边品赏精心烹制的佳肴，一边享受使人愉悦的快感，中国主人邀请客人入"瓮"受煮，一步步把"生"人煮成"熟"人。换言之，建立起相互间的信任。

要知道，中国的烹调术与帝王术以及生意经都有关系。在汉语中，所谓"熟"，就是经过烧、煮、烤、炖而发生转化的东西。"生"这个说法既指"未煮熟的"，也指"出生后未经转化的"。"生"字也用于人："生人"即没经过各阶段"火烧"考验的人，不足以建立完全信任的关系。这一类比已被中国文化内化了，其影响几乎是无形无影、无声无臭的。西方企业家很清楚这里边的含义，他们明白从生到熟的过程就是保持接触和试探、逐步成熟和密切的过程。我们说要运作人和物，绝不可能是所谓的"one shot"（一次搞定）。但在心智、身体或者投资上，他们又总是那么"急躁"。因此，需要付出一点代价，一段目的不太明确的时间，私下的、天马行空的、似乎无用的时间。

"调和之事，必以甘、酸、苦、辛、咸。先后多少，其齐甚微，皆有自起。鼎中之变，精妙微纤，口弗能言，志弗能喻。若射御之微，阴阳之化，四时之数。故久而不弊，熟而不烂……"（《吕氏春秋·本味篇》）[1] 调和多种

---

1 法语译文见 Jean Lévi, *Hiérarchie et sacrifice en Chine ancienne*（《中国古代等级与祭祀》），Société d'ethnologie, 2007。

味道从来就不是一项简单的工作：在中国最受赞赏的菜反而是味道恬淡的菜，整个味道浑然一体渗透入里，让人无法确定那到底是何物合成。那是无声的、曲折的、任由发挥的时间，感觉上它让关系变平淡，让轮廓变模糊，让一切不再很快地凝固为一个定义。

19：45，饭后甜点上桌。渐渐看出盘中有水云之意，一幅上了色的中国传统画，纤细的巧克力被摆成树状，几溜红红的水果泥模拟溪流。

20：30，法国客人问自己两个问题："怎么回事？""这样子到底是好兆头还是不太对头？"无人能答。时间非线性而有情，虽说在一起的最后时刻显得有点淡。接下来尚需继续讨论，找机会再约，表达善意。但光有这些还不够，还必须善于在时间上转换阴阳，由阴入阳。晚宴乃"阴"期，播种入土之际。有种子发芽，有种子无效。须跟踪后续发展，适时推进，转入阳期，即具有建设性的能动期。会有无回应或被卡住的时候，相当于遭遇淡季，却又对后边的步骤有所提示。讨论问题，想要有一个线性逻辑，真的很复杂；中国的时间和历法，我们很难习惯。自在自信地待命，所谓随心所欲不逾矩，还有比这更难的吗？

造势术

公元353年，王羲之与一群文人雅客会于绍兴兰亭，修禊事兼赏景。流觞曲水，荷叶托酒杯水上漂，众友列坐水两边。凡酒杯漂至，便须饮酒赋诗一首，限时完成。是日天朗气清，群贤毕至，微醺中王羲之诗兴大发，一挥而就写出了中国书法史上的开山名帖：《兰亭序》。有友好的氛围，真情的涌动，再缓缓发酵，而后才有一挥而就，如电如露。没计划没屏幕也没钟表，人人随性，不知所向。中国艺术史上最受人推崇的书法珍品就这样诞生了：畅意抒怀，即兴泼墨。王羲之不曾有创作一幅传世佳作的念头。法帖上有多个墨坨：执笔者所求，显然不是准确无误，而是要表达一股孕育生发之气，由所有参与者在春天生发出来的那股无法言表的勃勃生气。

今天见中国人起身敬酒并说出好听的邀酒语，我觉得他们又是在玩古人流水传杯的游戏，只是没想那么远罢了。不强求，但制造一种友好氛围，让事情自然生成。要知道氛围是命令不来的，它只能随时间慢慢形成，弥漫周边。不要总想着赶快进入正题或下个议题。气氛没到无法谈及实质。紧张，微笑，默契，距离，提防：在脸部表情和身体语言中读出以上种种，无论是在哪个方面或哪种语境中，它们都是至关重要的音符。能告诉你此刻风向有利还是不利，或隐隐暗示风的来处和去处。请注意，除了僵化的官样文章和所谓的客观行动，中国人的时间观与普鲁斯特的如出一辙："一小时不只是一小时，它还是一个盛满了香水、声音、微笑和气氛的玉瓶。"意志诉诸行动，意志一味求快，但却忽略了包裹行动的氛围，这可能会使西方人变成睁眼瞎，为追求效率而拔苗助长。他们只知道说应该做什么，以让情况变清晰，以让计划有进展，却不知如何制造气氛为中国举杯，真心实意地说说来北京都见了什么让他们觉得有意思。恰恰相反，他们重复数遍的是：空气污染，没有谷歌，生活一定很难。都市人有时竟没了起码的交际礼貌，即面对可能的不适，善待之，以尊重和微笑。还记得那位巴黎行政学院的毕业生，电脑公司总经理，和其北京合作对象一起吃晚饭，谈往后的合作。在桌上他一再询问对方喜欢巴黎哪些地方，对方既幸福又天真地答道："香榭丽舍大街。"年轻的技术官僚很不以为然地叹了声气，那味道，我永生难忘；然后他当着所有人的面凑到我的耳边说："老土们的最爱，至少我们巴黎人这么看！"中国老板不再吭气。在那种情况下，不用翻译也能感到他的轻视。

三、播种与拔苗

在布鲁盖尔的油画《伊卡洛斯的坠落》中,吸引眼球的不是折翼少年伊卡洛斯——一个很不起眼的小细节——而是前景中正在犁田的农夫。整幅画的色彩有些偏灰绿,只有唯一的一块很鲜艳。农夫深耕,播种,开沟,节奏稳而慢;其时间像是内在的,眼光关注身心,于是有更深厚的意味。农夫的时间是文化的时间,无论是从物质上还是从精神上讲都是如此。那是摒弃杂念,心系土地,聚精会神于种种征候和田间劳作。布鲁盖尔的农夫穿得太漂亮了,不像是一个整天和土与粪打交道的人。他与众不同,因为不知疲倦。农夫的时间不是跑道而是垄沟。

播什么种?

中国时间被用来播种或施加影响。播种,还是播种。收成如何先不说,不预测。不抱过大希望,至少不为之烦躁。播种人知道种子总有一天会出土、结实。在时间管理上,中国人与西方人的最大不同就是从不想如何管理,只想如何用之以有利于收成。所以说找时间相聚、交流、表达善意，尤其重要：播下一些有可能发芽也有可能不发芽的种子。西方人则活在"建造"、保存和预测的虚构中。我们的石头建筑和高耸的大教堂便是明证，中国人用木头建房，木头易烂，不易保存，变动不止。播在土中的种子看不见，而建筑则避不开，所以建筑令人放心。田间劳作，其影响是后延的，不求当下见效，只求努力被见证：支付当下，引导未来，避免强行，不做预测。根据这后一种时间观，我们说的话、见的人，以及行事方式，都相当于一粒粒种子，只要气候、土壤合适，它们就会发芽。播的是什么？我们自己也不清楚。一如陪伴苗木长大的支柱，请相信时间。2003年，"非典"肆虐，中国正遭受全世界冷眼，法国总理依然决定去中国进行国事访问。他不知道这是在播种，播下友好信任的种子，收获一个世界大国的永恒友谊。他不知道却能感到，亲自参与庆祝建交四十周年的准备工作，一定会有极佳效果。他既知道也能感到，朋友病了，需赶快去床前看望之。十四年过去了，中国人没有忘记这一友善的举动。

穿红衫的农夫偶尔会让人想到开豪车的上海农民或者北京农民。他们离开了土地，住三十五层楼上，带转角落地窗的，再也无须开窗关窗或去街面上买馒头。他们的生活与父辈完全不一样，但他们最能读懂的还是土地这本书。这本书里没有概念，没有分析批评，甚至没有言语，人们窥见的只是节气和节奏，关注的只是适宜的时机：何时到来，收获季？等待之时须播种：找机会见面、面商、碰杯、去餐厅、用微信交换意见。交朋友。

为租办公场地，我与合伙人跑了好多天看地方，其实我们两个都知道不可能找到合意的。想到这完全是浪费时间，而且还那么辛苦，人就无比沮丧。一小时又一小时，跑、看、审视，我不断看表并问自己："到底还要花多少时间在这上头？"我不知道其实自己正在踩出路来；看得多了，眼光就厉害了……时间并未失去，从未失去。每个相遇，每个行为，每个词语，都是有意义的，都不会被忘。就像随意扔在弯弯小径上的一些鹅卵石，不知哪天我们就又见到了它们。

不拔苗助长

中国农民深知行动不完全取决于自己，或者说不只属于他自己一人。孩提时他曾无数次听人说：不可拔苗助长，贪多嚼不烂。宋人拔苗助长的故事是哲学家孟子讲的，已成为中国文化的一部分，由祖父母讲给儿孙听：

"宋人有悯其苗之不长而揠之者，茫茫然归，谓其人曰：'今日病矣！予助苗长矣！'其子趋而往视之，苗则槁矣。"中国文化将之凝练为一个成语：拔苗助长。

我了解宋人的担忧和企望。有一天，我回到家，竟然也发现自己在对自己说要尽快写完这本书。我吓了一跳：都是害怕收获期的无限拖延啊。

尊重土地的时间，这是宋人或布鲁盖尔给我们的第一个教训。这教训对21世纪在城里工作的我们来说，尤其有意义。它不是要我们什么也不做，推卸责任，而是要我们去感悟，无论面对哪种性质的行动，核心是要体察其进程。已启动的行动发展到哪一步了？时间并非高速列车，而是一小块农人精耕细作且需休耕的田。我们是否足够关注自己的思想如何渐趋成熟？只要农人仔细耕作选种，应时随季，防止天变，心系庄稼却又不太过于执着，收获之期就会来临。不用太担心。这种看起来像是有些"被动"的态度至今仍在指导农民企业家们，指导他们盖高楼，指导他们千百万地投资。"重提"某个想法、某项计划，再次进行对话，绝非简单重复；再施点肥，能让田地更肥一点。多少次计划无进展时我痛恨这要命的农民时间？多少次看不清、无信心我恨不能强签合同或采取行动？注意力都集中在收获的日子上，可当下情景需要时间酝酿、成熟，却视而不见。执着于一个日期，丢失了节奏。唯恐错失目标，结果眼睛连一道道垄沟也看不见了。直到今天，我发现自己对这种农民时间还是不适应，感到难受，我更喜欢理性的、工业的、有计划的时间观。我需要把一切人与物都纳入轨道，然后编程确定一辆辆车到站的准确时间。这就是我这个西方脑袋对待事物的方式。

四、准时的艺术

几千年来，中国人一直明白，时间是否把控得好，决定成败，所以在生活中他们有时特别准时。比如说去朋友家吃晚饭早到 15 分钟，或者说比预定时间早几分钟待客，是常有的事。对于抢时间如玩火且安排精确到每分钟的人来说，这很叫人不适。中国人这个"早到"的习惯，真是让人不适应。它的确造成了很大的压力，但也不能说它不是一种含蓄的智慧。

虚"时"以待

早到，说明在意对方，多给出一些时间以示重视，可以是因为上下级关系，也可以是因为感情深。早到不为省时也不为催促，恰相反，只为在不干扰对方准备晚餐的情况下静静享受等候的乐趣。等待不是问题，他乐意，这就是他要表达的意思。彬彬兼谦谦，未言之意不外乎是"不急不急，我们有时间等待"；我们每个人，在求职面试或其他什么面试时，都可以做到这一点，因为那不允许迟到。不过在中国它还是社会礼仪的核心之一，对后续行为的影响相当之大。早到，便有时间准备，比如说应付某些小小的意外。早到是静心和放松的方式。尤其不要显得你忙，比别人都忙；没头苍蝇的诈唬只能唬住乱忙的人，因为他们越忙越乱，越乱越忙。要怎样才能放下时下的烦扰、宁静致远呢？早到还是一个观察时间：一方面示好，另一方面获得某种弹性空间，拥有某种"回旋"余地；而准时甚至迟到，则让人与事件迎头相撞。

《庄子》里讲过一个有名的故事。某大公（宋元公。——译注）强大且富有，招众画师饰其宫墙。听罢大公要求，众画师皆行动起来：拿画笔，铺垫子，摆砚台，动手画。

唯有一位返身回家。大公生气了，派奴仆随之。奴仆发现那不听话的家伙裸上体，面朝窗，开始打坐观景。大公闻之叹曰："这才是真正的画者啊！其他人用手，唯他用心。"

赶时失其珍

虚时以备：愿期许之事轻松地自然而然地发生。要抵达那一刻，无他途。这似乎不言而喻，但在一个只重行动讲速度的文化里，却又何其难也。生活中一切都在催人行动再行动，发言再发言，全无事先的准备。如上述那些画家，应声而动，抬手就画，唯恐大公不爽。那么需要准备些什么呢？所有的一切。它要求我们先扛住赶快投入跑道的紧迫感。真准备好了，可能就不用跑了。拔腿就跑者自以为快，其实很危险。每当见到某人或某组织拼命地抢时间做什么，我们就应该问：他们有没有失去什么宝贵的东西？林语堂在《生活的艺术》一书中论及此时提到《庄子》的一则哲学寓言，林语堂说："在生活的追求中我们已经丧失一些东西。例如：我们看见一个人在田野里东张西望地寻找东西。聪明人可以提出一个难题来让那些旁观者去猜猜：那个人究竟失掉了什么东西？……聪明人其实也不知道那人失掉了些什么，可当大家都猜不着时，他可以说：'告诉你们吧，他失掉魂儿了。'"[1]

如此匆匆，我们失去了什么？若想知道，先得停下。

五、给自己自由

我的那些中国朋友们，和我们法国人一样离不开手机，迷电子游戏。有的甚至比我们还厉害。传统的名片交换被微信账号所取代。大大小小的微信群多得成灾，交换的经济，物质的或非物质的，大行其道。餐馆里常见一大家子人围着大圆桌，无人吭声，眼睛都在手机屏幕上。其实大家都心不在焉。心在别处，在某个群里，和别人在聊天。微信网络让中国人如鱼得水，很适合他们的圈圈文化，大大小小的群以前所未有的速度和规模在网上形成。数字化关系网适逢其会：那是一个集体文化和社会关系占强势、对所谓"个体"的关怀处于弱势的世界。

中国文化，自诞生之日起，就含有这种大型华尔兹式的交流因子：礼尚往来，保持联系，相互关照。再者，渴望成功、害怕迟到是他们深层的集体无意识。须抢先！

---

[1] 林语堂，《生活的艺术》第五章"谁最会享受人生"。

自19世纪以来，中国人觉得自己被挤下了跑道，所以孜孜以求要赶超。网上常见这样一句口号："不要让孩子输在起跑线上。"中国，一个迎头赶上的中国，也在"更快、更多、更省"地疯跑。亚洲的伊卡洛斯，不知立即会有多少溺水。

不过，仔细体会的话，在中国的确还存在着另一种时间观，一种宽厚、慷慨、体贴的时间观。

薛运达有"空"

周二下午2:00，正开着会，突然间觉得天旋地转。我越来越难受，便决定去外国人常去的那家医院看看。本来3:00还有个约会，与我的合伙人薛运达见面。其实薛运达他也非常忙，所以心里觉得很是抱歉。

3:45，经过了一连串检查后，我坐在一个小厅里等结果。这时看见薛运达来了——我助手以为他是我丈夫，就放他进来了。他一声不吭地坐在旁边。一个小时过去了，薛运达没挪窝。一知道我病了，他就直接来了医院，取消了所有其他预约和会议。他和我一起等。时而看看短信，偶尔回个电话，也没说什么重要的事情，但一直守在那儿，三小时以上。

这就是中国文化教给我的东西：学会付出时间，知道如何"获得自由"。那一天那一刻我成为这个日理万机的生意人的"优先考虑"。永生难忘。上述经历有可能发生在世界上任一地方，只要你运气好，周边有良友仁心。不过我还要提醒大家小故事中薛运达对时间的处理：挥洒自如，轻松自然。这种态度蕴含了一种什么样的时间观呢？时间不是一座监狱，只是一条戴着的锁链，只要你认为必要，认为当下有更重要的事，就可取下锁链得自由。必要时敢于无视早先的安排，自由支配时间；当然会给与之有约的人带来困扰，但它也充分显示了时间中的中国人的力量和局限。力量，说到底，它说明我们在时间中是自由的，完全自由的：所有的束缚，若遇紧急状态，其实都是可以打破的。时间的考验亦是自由观的考验，对主体而言，就是要鉴别何时为常态，何时为紧急状态。不知轻重缓急，什么都想干，什么都不舍，眉毛胡子一把抓，结果一切一团糟，这与其说是自由，还不如说是局限。

工具乃"器"，非思维方式

对时间使用上的功利主义，中国人始终保持一定距离，这有其哲学上或文化上的背景。在中国，技术进步以及作为其思想基础的科学观,与西方迥异,从未被阐释为西方所谓的世界"现代性"。她还没有完全接受技术理性以"抓住"世界。她视技术为"用",一种应付现实的思维方式,特别有用,特别强大,但只是之一,且应用范围十分有限。三十年以来她的工业大发展,也不应看作一次革命。中医的传统,是慢性的和感性的,从未被西医取代。中医仍然深深植根于民间,一个平行的、不参与竞争的民间世界,始终对西医的治疗方式保持一定距离。她不像其他文化:那些文化的时间观正经历阵痛,计时和历法皆与时下的行为方式脱节;中国则不然,没有不适。她很早就开始对计时器感兴趣,造出来的时钟,至少至14世纪一直领先于欧洲。她的日历精确到夏至、冬至,并确定了日、月、年的长度。

中国人酷爱时钟且技艺精湛。当年的传教士正是看出了这一点并利用之,才让皇帝接纳了他们。中国人重视按时准时,显然与其文化传统、与其造出了准确的计时器有关。

尽管造出了巧夺天工的工具,那还是"用",为别的什么服务,工具从未上升到思维方式的层面,更不用说抓住现实的方式层面了。工具属"器",其核心是带来某种效用。"中国人发明了火药却没走向化学也没想到造炮,火药化为焰火,夜间娱乐的无用之物。指南针、火药、印刷术彻底改变了人类的生存方式;中国人发明了它们,却没意识到自己手中握着彻底打破世界安宁的工具。"[1] 结果到了我们西方人的手里,则用之"让宇宙对我们的运动而言变得极小,并压制我们的精神……我们迫切需要事物更紧致、更精确、更集中、更好更快"[2]。

精算而求快,这便是文艺复兴以降的西方理性特征,它属于另一种中国人未曾"留意"的世界观。如果说中国人"没意识到"他们掌握着支配世界或"打破世界安宁"的工具,那绝不是因为他们无知或幼稚,而是因为他们的世界观不是靠技术大扩张的帝国观。弗朗索瓦·朱利安的著作一再向我们澄清这一独特性:海德格尔所谓的技术"展现",即理性刻意抓住(Begrief)现实(自然)并制服之,变其为可用对象以服务于……,这种观念从未进入中国思想的褶缝深处。

数字化时间和人的时间并行不悖

因此,数字化时间并没有遮蔽另一种节奏感,即我

---

[1] Paul Valéry, *Regards sur le monde actuel* (保尔·瓦雷里:《当今世界面面观》), p.148.
[2] 同上书,p.149.

们在中国人的生活方式和人际关系中所观察到的虚时以待的节奏感。

在中国,"时间就是金钱",但时间依旧是农事:它是感性的、自然的,随季节,循天道。

"西时"的应用,并未遮蔽"中时"的文化视角:风吹云动,高香缭绕,浪拍岸,收获季,诗人或蝴蝶的观感。时间空间如一,都需要呼吸,需要留"空",无"空"就会窒息。

植根于深厚文化,民间的古老传统无时无刻不在调节着工业化乃至数字化的时间:针灸、太极、风水、交友术以及书法的绵延。绵延广且柔,一如古代官员的广大衣袖,宽松舒缓,十分透气,与西方紧箍般的"时间紧任务急"完全不可同日而语。

这就是时间里的中国人:在他们的文化中时间好比大海,无论海面上风云变幻风浪肆虐,海深永不干,他们有把握随机应变,灵活处之。

元旦前夕,我团队的年轻人聚会包饺子,他们的年龄都在二十五岁到三十五岁之间,正是非常活跃的时候。大家和面醒面,擀皮包馅,一起等待,一起品尝,度过了五个小时。饺子的"饺"与交流的"交"同词根,花时间相交相处,共同分享,培养友谊,没有人会去计算时间的。

六、蓝医生的银针

去蓝医生的诊所看病,跟他说颈椎痛,他回答说这很正常:"冬天来了,要反观自身,注意身体,保护好自己。尽管天还不太冷,还是要戴围巾,穿双厚袜子,注意身体的保暖,不小心冻僵了,或让某处气血不畅,都是非常危险的。"

孔子不言

很遗憾,没得到精辟的分析和详尽的解释,蓝医生几乎什么也没说。他发出一些声音,给出满脸的笑。你跟他说自己好担心,希望他讲一下病因,他却微笑着重复:"好好休息,千万不要喝凉水。"你想知道为什么痛,可他就是不置一词。并非某些威严医生的惜字如金,而是打扫房间者的心无旁骛。房间里塞满了东西,包括那些阻碍气血通畅的话语,他邀请你清扫之。他的"最爱"之一就是用胳肢来刺激你全身,最恐怖的中国酷刑。痒得你笑个不停,接着发现身体里某个东西一点点地松动了下来。大脑得自由,身体准备好接受针灸,针刺的效果极好,身体回忆起某些被蔽的信息,身体又恢复活力。

子曰:"予欲无言。"又补充道:"天何言哉?四时行焉,百物生焉,天何言哉?"[1] 医生的无言上承孔圣,圣人的无言上承天:永恒的无言环环相套代代传,引导了治疗。既然医生不语,我们也随之安静下来。一种极其困难的修炼:习惯上我们是那么需要知道或预知,需要将医治我们的人视为近乎无所不知的上帝。无论愿不愿意,我们心中都会时时响起耶和华的话:"天是我的王座,地是我的踏凳。"(《以赛亚书》66:1)那是我们的传承,犹太–基督文化:上帝说,仆人听;真理,涌现自这鲜活、纷乱、动态的交流。蓝医生不是上帝,他没揭示任何有关身体的真相,他不要求病人信其说教,只希望陪病人走一段路。责任是双方的,我们是否对此有准备?

自然时间

每个季节有其潜力和危险,蓝医生如此看时间:季节变换,春秋交替,在天地,在身心,也在情感。时间并非一条线,不应该用线描述之;时间亦非因果链,弥

---

[1] 语出《论语》。

漫世间如同类呼应。人身心的种种变化，无一不与大自然的季节变换合拍。冬天属阴，水的季节，空间上与北方对应；其变易特征是"藏"，藏自身或藏粮；冬天的情绪是害怕，表达方式是抱怨；食喜咸，不可太辣。蓝医生治关节炎也治焦虑症，有点像是园丁，看天，看土质，再看看土地受了哪些治理，然后想办法建立平衡让土地变得更丰产。蓝医生不怎么提问题，也不聊父亲和孩子，只是细心把脉。一切系于当下，而不是基于分析；当下的关系，我们进房来相互致意问好的方式。蓝医生细察我们身心的不适与错位，所有身体疼痛都来自无耐心的强迫症、非理性的急躁、反季节的行为方式。他诱导我们回到自然的节奏，与自然的脉动相合拍。

人是大自然的一分子，一个与所有其他成分紧密相连的精神物质体，一颗小得不能再小的宇宙微尘：我所遭受的痛苦绝不是孤立的，它与身体其他器官有关，与整个世界有关，如土质，如空气。我们西方的自恋在此备受打击：必须停止将自己视为世界的中心肚脐，必须放缓呼吸，与更大更慢的节奏合拍。治疗需要一定的时间。可以很快消痛或愈合的化学药剂，园丁处不提供。要有耐心。再来此做几个疗程，顺之配合之。对已经变成城市人／技术人的西方人来说，观察蓝医生的种种做法,是很有用的。不是切除、杀死或决定,而是找回符合当下季节的节奏。这种人和自然同节奏的思想,无论是在生态上还是在政治、经济上,都对我有很大的启迪:天地间,万物共有同一个时间。有必要重读《传道书》(*Ecclésiaste*)。

假如说医学问题也是一个宇宙学问题,那么其在战略上的意义非同小可。无数次会议中我想要一个明确的说法,可听见的却不是"不同意"或"这不可能",而是"时机未到,早了一点"。这类思想对我来说并不陌生,但却被我屏蔽,因为我太想强力而为了。把握介入的"时机",这大概是利用时间的关键,打开幸福之门或成功之门的关键。不过呢,还必须敏感,不是对过去的每时每刻敏感,而是对每时每刻有可能出现的预示好时机来临的兆头敏感。

过渡时间

蓝医生有点小得意地告诉我,治我这种病痛至少需要六个月,我差一点没改主意去看西医,西医见效快,针对性强。如果说西医的权威令人生畏,那么中医的沉默令人不适,特别是有时候还会冒出几句我们西方人觉得特不靠谱的建议:"穿双厚袜子,这季节还不是穿薄袜子的好季节。脚寒全身跟着受罪,身体不舒服心态也不佳。"说实话,忧郁的心态与袜子的厚度有何关系,实在令人费解。

不过,每个人都应能感觉到季节的变换及呼唤,随时做出调整:关于时间的智慧不外乎是对季节转换感觉敏锐,特别是换季中间的18天,用针灸强身健体尤其有效。元旦和春节,在一二月份,草木始发芽,空气变清新,透露出某种可察觉但却无以言表的消息……2月天坛,早7点,有女子聚集,不言语,力发于脚踵,深呼吸,舒缓地运动。她们说这可以避免疾病。她们来公园因为这是换季之始[1],春天要来了,出来透透气的好时光。关注季节转换很有必要,可以避免灾害与突然分离。我们日常所说的"弱信号"就表达了中国时间观中的这种悄悄露头、缓缓伸展,直至浩荡的现象。中国人认为,每个季节对应于一种行为、一套动作和一种心态。于是我们发现,我们夫妻的、家庭的、团队的、顾客的时间也是有季节变换的。季节的音符,遍染层林,我们的生活、工作和爱情则与之发生感性的共鸣。有季节对此有利,也有不利的。冬去春来,中国人特别关注的过渡期,

---

[1] 1月18日至2月4日进入立春。

却常常为西方人所忽视，因为崇尚即时的决裂、瞬间的转换、立即从一种状态到另一种状态，因为眼中只盯着结果。

如果去北京要好几个月，甚至好几年，身体和精神就会有时间适应，在长途旅行的作用下渐变。过渡期避免冲撞和突然断裂，让转化变得柔和。蓝医生抽烟。这也是一种过渡。做几场针灸理疗后他会出去抽烟，味道很重的棕色烟丝。这习惯没有问题，反而能让他放松。抽烟时什么也不想，清心去念，然后轻装上阵，回去做下几场针灸。

身体的时间

身体的时间是一个复杂的时间：蓝医生唤醒曾经的疼痛，这是避免某部位僵化的唯一办法。针刺脚部治耳朵，对需要最直接最确定的因果律的人来说，当然是在浪费时间。蓝医生说身体是一个绵延的记忆体：体内的路径，相类似，相对应并相呼应，历久弥新。看上去是曲径迂回，实际上却抄了近路。只要你找到正确穴位。所有这些在法国我也经历过，多亏了凯斯皮医生，其口头禅是："365个穴位，真的很多啊！"不过，为了不囿于关于事物和

乳房乃至头发。它浸透了我，我却不知其来，它给我当下蒙上了一层轻烟而非一层纱。我的世界在变动，欲阻止其变是不会有任何作用的。再说，到底想要留住什么？我也茫然。

是肖邦引发了万千思绪，一段我听过无数次的乐曲。儿子常在钢琴上练习它，我听得熟了，就像自用的香水，不再在意。当乐曲响起时，一切都混淆，过去、现在和将来：时间化为旋律，一生的画面，轻盈且成熟，在其中前后串联。心知只要在此刻按停音乐，我就能回到"正常"状态。生活就是一件相应和、有默契、不断深化的事：这就是诗意，不是非得读波德莱尔才能懂，关键在于生命体验。肖邦，北京，外边的旧时小巷，一位上年纪的中国人在叫喊："磨剪子来锵菜刀！"所有这一切都沉淀在我的记忆里。我有意不执于一物，不管昏眩，心随音乐飘。不过，那不是随便什么音乐，而是这支前奏曲，我的肖邦：我的记忆完成了它的使命，它那唯一的悲剧使命，深化我的生活，更强有力地引领我们走出烦恼与忧愁。

深化是爱之举

时间是肤浅与深化的奥秘叠加。我既能在上面冲浪，也能在海底深潜。今晨的前奏曲让深浅相容。感觉上我任由乐曲牵手领路，在生活中的每一刻停上一步。心悦之，感觉这段听过无数遍的曲子是导游，带我进入运动，无限的、日日新的时间，永不悬置也不会过时。若首次听闻，或不间断地换频道，这一切大概不会发生。怀旧的感伤，于某些时刻攫住我们，导致深化，深化会收拾感伤之情，把我们引向回顾的快乐。

人容易弄混"深化"和"努力"。后者有时确会导致前者，但无人能为之担保。努力常会产生附加压力，除非面对成效时它终被松绑，于是自动放弃。深化，开始爱之后渴望进一步了解，也同意进入一个颇有兴致的互信时间，它导向爱，但非爱所生。一个接受的时间，工作的时间，在其间，他者（一部作品、一个国度或一个人）的呼唤透过皮肤上的每一个汗毛孔为人所闻，如香烟袅袅。于是精神感知到这一刻不再仅仅是现在之火刑柱上的牺牲英烈，而是开创一条道路的献祭圣人。工作之路，质疑之路，记忆之路。

再回到肖邦。我发现我的心被一部作品带走了，一部我听过几百回、被演奏过几百万回的音乐作品，两百年前写的作品，写它时作曲家不会去想 21 世纪是否有人听。正是这部作品，正是纸上这几行复杂的五线谱，向我揭示了时间之美:允诺我深化。无论有多少途径或阻碍——我知道有很多,但更知道我今天的巨大的幸福乃此一时间所赐。至于说我的那些巨大怆痛与沮丧,也起因于没给出足够的时间:花时间重温佳作,花时间在眼前人,关注其音容其举止,而不是一晃而过。

深化是爱的举动,会产生某种形式的晕眩:读了再读,孜孜以求,无数的新感觉新观念,令人晕头转向,作品更显疏离。不过,这晕眩感一旦消失,便会生出一片清朗澄明的喜悦。所求者变得明确,作品变得熟悉。深化允诺我们建造一个家。我们花时间去看的这些书、这些形象、这些面容,还有那些过路的女子,匆匆一瞥,永失人海,诗人其实不用哭泣[1],因为在我们的记忆中,有强劲联系正在织就。

蒙田在自家城堡中有个书房,安置着他所有的"家庭成员":两道大梁四十八道小梁上都漆有希腊文或拉丁文的名言警句……《圣经》、欧里庇得斯、索福克勒斯、卢克莱修、贺拉斯、爱比克泰德,蒙田所熟悉的都聚齐在他家他身边。崇高的心灵,与其说是真正的怀疑论者还不如说是斯多葛派,不停地靠自己来找出对事物的评判,而评判的基础是深化。此处的深化赖角色颠倒而生:

---

[1] 见波德莱尔《恶之花》之《给一位过路的女子》,郭宏安译,译文出版社,2013年版。——译注

对先贤名著他从不盲从，或言必称希腊罗马，仿佛唯之才是真理；智者蒙田视先贤为友，并将之安置在家里在身边以时时欢聚。喜悦那变化之不止，智慧远不会坠入纵向或换频之渊，反而用个体判断承载起相对性乃至怀疑精神。蒙田有点古希腊人的味道，不过他更像中国人：察觉物体在移动，给出的是一种相对的稳定性，处于行动中心的智者，基于这种稳定性，就是善于拉开距离来度量自己的观点。书房是他的锚地。

深化与时间实为佳配，它让人觉得时间不会夺人所爱，反而有助于我们穿越尘嚣步履更稳。它强调凡自诩为多面手者，到末了就很可能无一专精。它告知即便觉得自己朝三暮四，我们也有可能将来落锚在一个集过去、现在与未来于一体的世界。尽管感觉上过去、现在与将来的亲密联系转瞬即逝，它还是反映了世界的力量，以及它对无意义、对瞬时性的坚忍不拔的斗争。

我坚信，送给孩子们的最好礼物就是教他们体会深化的幸福。是通过阅读、艺术，还是通过手工、体育和宗教，这些都不重要：在生命中的某个时刻，我们必须沉下心去，不要急着上浮，说什么水太凉。要有不懈的毅力，继续的恒心，并非天性偏爱努力，而是因为对未来有信心。深化不是学问而是求索。

二、文化的时间

伦敦国家美术馆。一幅巨大的油画（见彩图3），画中展现了法国的两位使节，汉斯·荷尔拜因（Holbein, 1497—1543）创作于 1533 年。眼光停在画上，西方人有权自问："今天，还有什么把我们与这些文艺复兴时期的人道主义者联系在一起吗？"两位使节摆好姿势。他们中间是他们所代表的种种价值的象征：计算工具、科学仪器，还有一把多弦琴和一本乐谱集。整体上代表了对世界的完美把控，一个有意义有前途的世界。眼光知道看何方，精神感觉在进步。

那么什么是我们今天的情况呢？两位使节，乔治·德·赛勒夫（Georges de Selve, 1506—1541）和让·德·丹特维勒（Jean de Dinteville, 1504—1557），对人、对科技、对未来，曾是那么信任，可今天这信任去了哪里？

"这就是我们的世界"

两位使节大言不惭："这就是我们的世界，待人发现，我们为此感到骄傲并对未来充满信心。"这形象在今天有点无聊，没多大意思：太平静了，它已过时或者只对审美者和博物馆有用?难道在画中我们得不到任何共鸣?

画中有个细节,多弦琴的琴弦断了一根:画家暗中下刀,敲打西方和谐;不过在今天,这已成为现实。画中人物所拥有的这种强大信念,在我们内心深处还有留存吗?似乎已枯萎在对己、对未来的疑虑中。另一个细节,帷幕侧半掩的耶稣受难十字架,则在询问我们与宗教的关系。宗教在今天引发了众多问题:希望在谁、在何方?精神世界,一个看不见的世界,它重信仰轻证据,重脆弱轻性能,重求索轻答案,是什么把我们与宗教联系起来?还有他们脚前那根硕大的棍棒,通过图像的失真达到变形的效果,引发观者沉思:一个不知为何物的东西,找一个特定的角度看,它就是一个骷髅图像。它提醒我们:选一个观察生活的角度,时间有限的角度,亦即死亡的角度——我们每个人,无论贫富,都会有指甲和头发脱落的那一天,都会变得像这个骷髅一样。不过,这景象,需不断移动、变换观画角度方能见到。从死亡出发来观人世,人与物皆会染上不同的光晕,并占据一个名副其实的位置;这位置具有相对性,不过也正因为失去了绝对性所以就格外地珍贵起来。

再仔细看看两位使节,大有不同:一个属于穿袍贵族,是主教;一个属于军功贵族,是领主。他们的姿态和传承分属不同血统。虽说不是双胞胎,却都给人强大的感觉,那种铁肩担大任的感觉。汉娜·阿伦特(Hannah Arendt, 1906—1975)在《文化的危机》[1]一书中说,面对时间(见注:英文原名与时间关联更强)就是在世上如何面对责任。若此话为真,那么我们就能进一步看清两使节肩负着他们所代表的世界,所以显得威势赫赫:那与人格魅力或强大气场无关,而是与世界对话之能力的具现。"教师的能力是认识世界并将知识传授给他人,不过,他的权威建立在他作为世界责任人这一角色上。面对孩子,他有点像是所有成年人的代表,向孩子呈示万物并告之:'这就是我们的世界。'"

让世界前进,这就是我们面对未来的责任;要做到这一点,就必须与深化的时间建立关系。深化时间,以应答未来的召唤,把过去和现在焊接起来。二使节没有在当下的深水中没顶,也不承认自己对后代有罪,但却有能力说出这句话:"这就是我们的世界",是人类长征中的一个驿站。深化我们继往的眼光,深化对当下我们——我们这些谦卑的不完美的工匠——所握所负的眼

---

[1] Hannah Arendt, *La Crise de la culture*(英文原名:*Between past and future*,《在过去和未来之间》), Folio essais, 1989, p.243.

光,那就是赞同人类的时间首先是属于文化的时间。

相对化

观念或境遇的相对性,强迫我们到其特殊性而非一般规律中去寻找意义和答案,而唯有时间能确保相对性的敏锐触觉。唯有它能让人换一种眼光去看所爱之人,或迫害过我们的人。是的,时间能治愈爱情及其伤痕,平息愤怒,安抚欲望。唯有它,能让人懂得区分生命所必需与尘世之浮华。

有时候只需一夜尽,世界在眼中焕然一新。

时间便是这"观点",二使节有权有势有知识,但只要他们换一个位置观看,就会发现自己的规划没那么伟大,甚至荒诞。我今天按当下标准看他们也不一样。

他们身上的丝绒、貂皮和锦缎不仅表现了富贵与优雅,同时也代表了他们的内在,某种处世的方式。先前所见的赫赫威势此刻成了妄自尊大,自以为掌握了真理,肩负着普世使命。想象一下他们今天在谷歌工作,怀揣让人寿命超过三百岁的希望,想在将来某一天依靠纳米技术消灭死亡。变形出来的骷髅头不复存在,也不再需要提醒自己生命态的相对性:人文主义观本身便带有这种跨人文主义的乌托邦萌芽，寄信仰于技术。

他们的朋友，肖像画家汉斯·荷尔拜因深知问题不在于眼光而在于站位。站在哪种观点上来看我们的工具、技术进步及成就？西方的性能和工具理性预示了浮士德或普罗米修斯式的乌托邦，幻想终有一天人类将完美掌控世界。那世界属谷歌，属耶稣，还是兼而有之？这问题，摩尼教善恶二分解决不了。我们还是跟随荷尔拜因去继续寻找，一个小小的耶稣受难十字架被蓄意地藏在幕后，画的左边。于是眼光从中央的骷髅头迁移到不显眼的十字架，不显眼得令人痛心；画家带领我们先见证死亡再去见证希望，从看得见的消亡走向看不见的在场。所有这一切，今天已经无法理解。而生命却自此始：自不解始。这大概就是为什么去博物馆有用了：学懂自己可以有不懂的地方，换一种方式向世界提问，为死做准备。

居于时

画面给人的感觉是布得很满：摆姿势的人物饱满，空间充满各种物件，二使节身体膨胀……幸亏有死亡居其间，面朝我们。死亡暗示"空"，"空"不占有时空，却会"居住"之。"居住"是海德格尔在其讲座¹中提到的概念，在此不指住宿之需，而是一种生存体验。因为居住是与世界对话的方式。筑、居、思，这就是二位使节在荷尔拜因引领下在做的。在讲座中，海德格尔揭示了居住的真义，一个被遗忘之义：Bauen。动词 Bauen 的本义不仅表示居住，还含有建筑、耕种之义，或曰根本就是"存在"之义："古词 Bauen 含有 Bin（'是'、'在'）的意思，它回应我们说：'我在'，'你在'，其意为：我居住，你居住。"² 存在意味着以凡人——不是注定必死而是应召直面死亡——之身居住大地上，所以变形棒到场。

凡人的这种"居住"就是照料好自己，整出一块地，耕种田地但不伤地力，并借以上种种来完成作为居者的使命。那么，这三种历练有什么共性？筑、居、思，绝非瞬间能成，用三种方式体验纵向时间，而纵向时间则不外乎是循环往复，周而复始，不断深化："凡人居住，于是待天如天。让太阳和月亮继续其轨迹，让满天星星继续其旅程，让一年四季准时到来并按时赐福，凡人不

---

1 见《技术的追问》：La question de la technique, *in Essais et conférences*, Paris, Gallimard, coll. Tel, 1980.

2 同上书，p.173。

会把黑夜变为白昼或把白昼变为奔跑不歇。"[1] 正因为是凡人，所以我们要担起凡人的责任：人性地居住世界。居住触及我们在世的最根本的存在方式。我们居住时间，于是我们居住世界，切忌奔跑不歇。

传薪火

2011年秋，豪华的北京大剧院里，法国喜剧院正演出莫里哀的《悭吝人》。年轻的中国观众们听着笑着，大笑或微笑。名剧演好了就会有共鸣，它既不属于昨天也不属于今天。它超越时空，触及当下越来越受关注的主题，即拜金热。时间停滞？不，它只是密度增大了，名著承载着时间恰如母亲怀抱婴儿哺育。莫里哀在场。我也在场，我们都在场。心中喜悦：文化在延续，有人为此工作，名剧重登舞台。

2013年6月。故宫博物院，一个八岁的男孩和奶奶在散步。他们一起欣赏有八千年历史的青铜器。惊喜的眼光滑过斑斑绿黑和青灰痕迹。眼里有骄傲，说明他们体会到了几千年文明的分量；就像那些在祖屋里找到宝

---

[1] 见《技术的追问》：La question de la technique, *in Essais et conférences*, Paris, Gallimard, coll. Tel, 1980, p.178。

贝的孩子，这些青铜器属于他们，为改变他们的世界、他们的日常生活做出了贡献。他们欣赏青铜器并在大中国历史中找到了自己的位置。看着他们迷醉的眼光，便知道这让他们自信，对他们有益。

不是读罢就扔，而是读了再读，重温三百年、一千年或两年前写的东西，把书装提包里或放床头柜上，在其中几段下画线，记心里，不是作为好学生而是作为精神饥渴的做梦人，做梦去旅行，去记住别人写出的佳句妙语。记住是为了丰富自己，为了吸引没读过的人也来参与发问的行列，也（哪怕有点结巴）想说"这就是我们的世界"。在所见所行中追猎意义和美：石头、树木、建筑、照片、绘画，同样也包括计划、发现或奇遇……文化的时间给人惊喜。人有可能忘却一切，但植根深层的集体记忆会重新涌现，带我们回故地，昔日的作品喃喃告诉我们，我们是谁，我们古往今来如何演变。

一队工程师为永恒之城建地铁，挖掘时发现了一座古罗马建筑，完好无缺。时间停止了。突然间，费里尼镜头中的男女们似乎成了不速之客，接待他们的是壁画上两千年前的面孔。画上的脸与他们的脸出奇地相像。20世纪的技术员，为美而停步，停下了他们征服时空的有力步伐。艺术品的本质在此显示无疑：强劲的在场，命定消失，但对见过它并在其中认出自己的男女来说，它就是本真的存在。因为画中昔日面孔的故事也是我们的故事：这不是一个外在的、关于器物的故事，而是生命本身的故事。令人惊心动魄的是：在我们还想要看得更久一些甚至永存记忆时，壁画却随着外边的空气（亦即现代空气）的入室而一点点消失。观众就这样心惊胆战地看着壁画消失，无能为力。没了。收藏家也好，大专家也好，无人能永久占有一件艺术品或一种知识。因为真正重要的不是拥有甚至也不是见过，而是感觉它在我们的身上延续，在我们的上空飘荡，恰如一个不起眼的文身，镌刻在人类无形的遗产上。

看图像消失抑或从未看过？形消留痕，与意愿无关。逝者不是虚无而是安葬。图像，只要见过，即便看着它们消失或者以为已经遗忘，也会长存我们心间。就像费里尼的电影《罗马风情画》中的场景，壁画上的人脸凝视着我们。然后让我们去体会那眼光落在身上的分量，他们与我们如此相似，他们在问："你们是谁？"

是一位热爱电影的导演带我看了《罗马风情画》，我看了多遍，看了还想看；另一位好友，教英国文学的大师级教授，领我首次欣赏了油画《伊卡洛斯的坠落》。我觉得怎么感谢他们都不够。还要衷心感谢许多其他友人，没有他们，我就不可能发现众多的佳作，不可能了解这些现实真相。他们为精神能量摆渡，在你准备好时向你说："瞧，这就是世界！"他们躲在幕后为我们这些前台演员提台词，以免我们读错诗歌、散文，因为那都是他们练过的。文学、电影、绘画、连环画……他们如饥似渴，甘之如饴。正是他们，于某一日牵你的手，把你拉出影像过量、无聊、无意义的毒害环境。所有我今日之所知和所爱，全靠他者帮助发现。单靠自己，我只能是一无所获。到了这个年纪，我不得不承认自己并不是天才。我所有的想法，没有一个只属于我；我喜欢的生活地，没有一个生自我的意志；没有一种我喜欢的颜色出自我的调色板；没有一本书、一个风景、一种欲望为我独生……我所有的一切，都得自我的朋友、家庭、祖先、国家。

传承，与时间相知相交的传承，离不开深化。今天，人们为地球的状态、为儿童教育而忧心忡忡，但却不去质疑自己的眼光，这令我诧异。我们如何看待世界？我们如何感受时间？种种近视、早生的白内障、退化的记忆力，迫使我们心中生寒，只看见屏幕上一排排晃过去的大型图像。割裂过去、现在与将来，我们失去了时间的线索，孤零零地面对当下之深渊。我们缺乏历史感，我说的不是尼采笔下的屈辱史[1]或古玩史,而是把情景、把人放入一段历史(自己的、家族的或国家的)的方式。历史感本身与传承欲紧密相连:我需要有人帮我理解世界,想要切实地感受到世界在轰轰然连串坍塌中仍具有某种确定性,想要透过它无数的前后言行不一致中理出一个意义作为自己行动的依据。最好的治愈我们时间病的办法,就是将过去、现在、将来视为一个整体,以更好地把握自己当下所处的位置。谢谢你们,爸爸妈妈、祖父祖母、先辈祖宗,谢谢青史留名的大英雄们,以及叛徒奸贼(不应将历史理想化),谢谢作家、艺术家,谢谢教士及史学家,农民及歌唱家,更要感谢老师们,所有在薪火相传中承上启下、教会后代一种眼界或一种存在方式的人。

过去、现在与将来:我们来自远方,薪火传人则更远,他们帮助我们确定自己在人类大历史链上的位置,让一扇扇门保持着半开,让我们在无边虚空中瞥见一缕明光。

---

[1] 尼采,《不合时宜的沉思》第二篇,李秋零译,华东师范大学出版社,2007。

三、偷闲之必要

"将军阁下,您会什么也不做吗?"安德烈·马尔罗问戴高乐将军。"去问我的猫吧!我们一块儿散步一块儿获得成功。无论对谁,逼迫自己闲下来都不是一件容易的事。但这不可或缺。生活不等于工作:不停工作会让人发疯。只想工作不是一个好的信号:你的那些合作者中若有人只知工作不会休息,那他一定不是最棒的。"[1]

偷闲是人必守之军纪吗?如果说在数字化时代,每时每刻都在要求人积极参与,采取行动,那么一时偷闲什么都不做是不是就变得非常必要了呢?拿出时间来和猫玩耍,去林间散步,看星星……做一些没有目的、不求实效的事。

赞美闲暇时光

说天才的戴高乐将军将偷闲视为必守之军纪,可能有人感到诧异,他不是最有毅力最勇于行动的人吗?"懒"

---

[1] André Malraux, *Les chênes qu'on abat...*(《人在砍的橡树……》), Gallimard, 1971, p. 66.

字和他无缘,遑论那散漫轻浮的享乐追求。然而,善于忙里偷闲,这一持之以恒的擅长——玩玩扑克、陪钟爱的智障女儿散步——很可能就是支撑巨人挺下来的重要支柱。如果说"写作可以让人忘记追来的狗群",那么什么也不干,只是享受自由自在的时光,则有利于人抵御紧急的事务,以免被逼成盲人瞎马。

偷闲是含而不露的智慧。它让动作和思想从容不迫,不疾不徐。面对事件游刃有余,不苛求完全掌控。允许自己经常散步或午睡,也就是赞同没有我参与地球照样转。说到底,这态度谦卑,但心怀喜悦。行动的重量,实沉恒定,如西西弗斯之石:他被宣判反复推石上山,不让看清事件之本质。患多动症的人抱怨他们的孩子耐不住寂寞,无法安静,不会静观。他们不知道戴高乐说的才是正理:必须强制性执行偷闲军纪,尤其是在被焦虑或兴奋刺激得受不了要投入行动时。

躺船上,顺流漂荡,"美丽的小河边、小溪边,溪水在沙砾上汩汩流淌",方能进入"一种状态,那一刻灵魂有了切实的依赖,完全放松休息,全部生命力得以凝聚,无须回忆过去,亦不放眼未来……"[1] 这种从日日所想、所说、所干的事物中终于解脱出来的感觉,能让我们重

---

[1] 卢梭,《一个孤独漫步者的遐想》之"漫步之五"。

新找回喜出望外的自由幸福。

戴高乐和马尔罗当然都读过《一个孤独漫步者的遐想》中的"漫步之五",生命中的一切不外乎是联系、深化和亲情。中国人称之为"缘分",即那些先定的相遇。那是上天的赐予,让本来在时空中完全没机会相见的人会面。就此而言,卢梭、戴高乐和马尔罗在与陆羽(733—804)对话,茶圣曾写过一首名为《闲咏》的小诗;也在与林语堂对话。林语堂曾说:"讲求效率、讲求准时,及希望事业成功,似乎是美国的三大恶习。美国人所以那么不快乐,那么神经过敏,原因是因为这三种东西在作祟。于是享受悠闲生活的天赋权利被剥夺了,许多闲逸的、美丽的、可爱的下午被他们错过了。……但是美国人之所以不懂悠闲,还有一个更重要的原因在:他们做事如上所述情趣太高,把工作看得高于生存,比生存来得紧要。世界上一切出名的艺术,大家都一定要求要有一个名副其实的特性,我们的生活同样地也该要求其具有一种特性[1]。但特性这种奇妙的东西是跟酿酒一样的,必须要静止着不动,并且还要经过一段相当长的时间,并不是马上就可以制造出来的。"[2]

---

[1] 这句话很像是戴高乐的口吻。

[2] 林语堂,《生活的艺术》第七章"悠闲的重要"。

看重悠闲便是关注生命。生命发酵如醒面,给它时间增厚收紧是一件很困难的事吗?轻松自由的时间,去哪儿找?到时间内,去挤。需要养成习惯,而不是期待神启。

养成习惯

"习惯"这个字眼儿在法语中很令人生疑:它不断重复,缺少自由空间,难免令人厌倦。然而,正是"习惯"这个定期重复的时间让我们有可能保持关于闲暇时光的记忆,记住它们给身心带来的益处。如果说"我们即我等不断重复之表现"(亚里士多德,《尼各马可伦理学》卷二),那就必须学会偷闲,在身心的组织程序中预留出定期的、完全不计时间的时段。靠军纪强挤出来的悠闲,也是散漫偷懒,按亚里士多德的说法,是为美德。在亚氏笔下,美德部分地来自习惯,每个人身上所养成的种种素质,有赖于不断重复预定行为的时间。它还是两个极端中间的平衡点。忙与懒,悠闲之美德有利于加强我们人性的中庸之道。时刻想着行动、奔跑,便是过度依赖的表现,也就是精神失常了。所有主动性,无论显得有多么高尚多么富于激情,都可能变成毒品。同理,今日太累，明日加把力，明日复明日，这也是一种活得困难的病症。忙与懒，这两个极端让人变弱、变蠢或变为机器。它们不会产生内心的力量、情景的智慧和人与人之间所特有的友情。去散步吧，如亚里士多德，如康德，如卢梭，如戴高乐，每个人都会找到属于自己的节奏和风格——此处有文化在带领在引导我们。走吧！

四、看的时间

塞尚（Cézanne, 1839—1906）宣告："画中之真归功于你。"说此话时，他活在什么时间？我反复观赏他的作品并常去那些为他带来灵感的地方，一点用也没有，始终不知他活在什么时间。塞尚所居之时间清澈明净。他生活得很有规律，稳定且紧张，一幅画画好多年，多层次多景观在画上重叠堆砌。他常常回去工作，呼吸自然的清香。眼光常变。景色常新。有每幅画为证。画家与对象一起移动。光线不同，季节不同，疲劳度不同，他看见的东西亦不太相同。执念、勇气、眼力，所有这些也可能其实是一回事。

他深知"看见"是一件需要耐心参与的事，大自然一如我们每个人，远比表面上丰富。"画中之真"是一个时间与浓缩的故事。塞尚不是只管当下，也不刻意避之；不管是大历史还是瞬间印象，皆背对之。唯一使命，便是丰满地、最大限度地再现眼中之所见，使所见存在。这大概也是我等的使命……

参与世界

我们不是塞尚。想不想是，我们都在与世界对话。这一参与，无论怎么说，都或多或少是有意识的、主动的。每个人都以自己的方式在表达参与世界的欲望。参与，就是确认这世界是我的，不是因为它相似或适合于我，而是因为我参与进去，成为它的一部分，尽管并非一体。每回与他人谈话、交流或一起工作，都是在参与。看一幅塞尚的画（彩图4），审视提问，获取灵感，也是参与。我们不是塞尚，但对生命意义，根据上述文化创新的张力，各人会有各人的体会，不一定非当艺术家不可，只需追随田立克（Paul Tillich，1886—1965），踏上他《存在的勇气》和"在多样意义域中的创新生存"[1]所规划的道路。每当我询问塞尚眼中到底见到了什么，眼光就进入了创造性的对话。参与世界，不仅是属于艺术家或创新天才的活动，而且属于所有男女与少年的活动，后者与世界保持着既盘究又信任的距离，这种既盘究又信任的距离就叫文化。所谓文化，首先是人与时间的某类关系。与世界对话，不能靠吼，不是靠遗忘，或不停地换频道。那是跋涉一段山路、转过许多道弯，借助作品与情境来接受、来引发真正的遇合。自以为能"直接即刻"获得对某些问题的答案，那是懒人或狂人的方式。其痴念便是胜败就在此一时，刻不容缓。怀疑、探询和深化是进入之路，也是分离之路。需要走过一段距离，需要不断发问。自信与谦卑，琴瑟和鸣。

一到上午10：00，塞尚就会搁笔；"阳光向下了"，他说[2]。过于直射的光线不适合他画画。随时间动。顺时行。执着于一个图像，其实就是抓住它放入一个稳定的、确

---

[1] Paul Tillich, *Le Courage d'être*（《存在的勇气》），Le Cerf, Presses de l'université de Laval, 1998, p. 37. "每当人在不同意义域活得有创意时，就会伴有一次精神上的自我肯定。这个语境中的'创造'概念不指一个原创的创新活动，比如说天才发明，其意为在生活中对我们生命的内容自发地采取行动、做出反应。"

[2] Emile Bernard et al., *Conversations avec Cézanne*（《与塞尚交谈》），Macula, 1986, p. 89.

然的全景中，当然，眼中之所见是离散的即逝的，图像尚未彻底定形。所以塞尚才会留下许多未完成的画作……我渴望这种稳定性。它就是静观时我们内在的绵延。塞尚居于时，未产生过怕时间溜走的念头。他思索时间并在他的油画上筑建时间。

选择丰饶的生活

圣维克多山、松树、人体和肖像向我们每个人提出问题：事物与生物怎么可能表现得如此轻盈又如此厚重？无疑是因为藏身在时间深处：时间使之晃不定，时间使之凝成形。塞尚帮助了我，让我在不可承受的世事乱象下窥见了某种底基，在其深层运动中显露出的某种内在一致性。那棵大松树，曾在、此在且将在。在其身上，就像在每个人身上一样，笼罩着一种感性秩序，一种伸展趋向，无论是树根、树干还是枝叶。秩序不是一种解释也不是画画打的格子，而是一种原动力。核心在于体会一个人、一道风景或一种境遇的力道，窥探它们的基向，这是赋予其能、其美的东西。人类所展现的，从不是其本相：浓缩的精华往往是藏匿的，唯有在某时才一露真容。

在埃克斯大师画的大松树下，我将有耐心，戒急宜缓，观人间百态。

将来再面对某人,我会更细心,眼光不停在风卷的枝叶上,而是去根部,努力不先入为主,抓住内在的勃勃生机——无生机运动我们无以参与创造。绘画之真,乃人性本真。我们也是创造者。一个个细树枝、一个个山的皱褶,代表了一个个的人,在变化、形成、风蚀。一旦不再恐惧时间,我们就感受到这创造的运动。我们是树、石、泳者;我们是自然的生物,根据所接受到的爱和信任,根据为我们所支出的时间,程度不等地展开我们的枝叶,我们的双翼。追随塞尚的脚印,不是让你成天在博物馆里瞎逛,而是接纳一种节奏,宁静致远的节奏。

"所有(画家的)意志皆应是持静。让所有偏见闭嘴,忘记,忘却,持静,化为一个完美回声。于是,敏感的片板上将录下整个风景。挪来定于画布,外现之,然后才是绘画技巧,令人尊敬的职业在此只不过是顺从,无意识地转换——绘画语言塞尚烂熟于心——他正在译码的文本;两文本并行:眼见的和心感的,那处的(他画的平原是蓝绿色的)和这里的(他拍拍自己额头),两文本须合并以延续,以半人半神态生存,艺术的生命,侧耳听一下……上帝的气息。风景的倒影,开始有人性,在我心里自思自省。我将之客体化,并投射、固定在我的画布上……"[1]

也能如此看待我们的生活。用心加耐心。寻找活力。回到本源。不断换视角。我渴望一个丰产的而不是幸福的生活。渴饮哪条泉源？圣维克多山的水彩在我脸上反射出倒影。山变得摇摇欲坠，在融化的油彩下流淌。那么我这是在哪里？我觉得自己是液态的，很纯粹，年老又年少：时间的真相。

五、情的时间

马塞尔的父亲看晴雨表是行家，还特别热衷查火车时刻表：知道乘 13：22 的比乘 12：35 的要节约十分钟，是他相当得意的一个发现。预报天气与了解车时，属同一种嗜好，即预知与度量。时间乃时空之一维，需由知性牢牢把握。至于说马塞尔，他对时间的反应一如皮肤之于太阳：刹那间敏感得过分，发烫或过敏。灵魂的"汗毛孔"接收各种刹那间的感觉刺激，后者在孩子的性格上打下切实的物理烙印。须知《追忆逝水年华》的叙述

---

[1] Emile Bernard et al., *Conversations avec Cézanne*（《与塞尚交谈》），Macula, 1986, p.110.

者也随时间在改变,而这时间不可量度、不可理解却更真切:它让生命变得极敏感。如果说这既未使他幸福也未使他大恸,但对一个在上流社会以混日子为荣的人来说,却重新注入了生命的强度,属于他个体的生命强度。

一段普鲁斯特式的绵延,多个情感时空在其中短路,消失又重现。某些观点与某些时刻搅在一起,偶尔受到某种感觉刺激,那些时刻就有可能回来。小马塞尔入睡了,"一个个小时串线,一个个年度排序,许多个世界绕着他转"。只要进入胎息状态——不是回缩内视,而是被环绕,聆听两种心跳,自己的和世界的——他就找到了内心的时间。宇宙秩序是其伴音:不是军事亦非科学,它揭示了把我们一生所有时刻连在一起(有如分布在同一个世界地图上)的奥秘组织。一味查看晴雨表,人就会忘了天上云卷云舒;只问火车到达的准确时间,人就听不见马丁城钟楼的敲鸣。叙述者深知,那天睡前妈妈没来吻他,那永远不会过去:不知哪次去约会前,那情景便又冒了出来。

我也在失望与怀旧间蹒跚。直到今天还心痛:再也感受不到外婆印在我额上的吻了,那带有薰衣草香味的吻。那日经过外婆巴黎瓦格拉姆大街的窗下,突然间心中悸动。往事扼住当下,一切皆混淆在一起。我是妻,是母,也是孩子，是小女，是孙女，很小，五岁。仿佛一下回到了童年，快乐满心间。今年我多少岁了？

时间首先是感性的，感性得美不胜收，感性得无比残忍。多少回感觉到正经历的那刻就是我期待的一刻，可桌上菜冷，香味已散，我还是空腹。曾经无比期待的那些个假期，还有那回与友聚餐，那次旅行。多少回等待，时间来临，终于来了，但万分期待的阳光却是一个影子。那时刻，无悲无乐，非空非实：活像一个蠢汉，一言不发地盯着自己的鞋来掩饰窘态。

过度期待，什么也等不来。

无足够期待，什么也不会发生。

普鲁斯特的病

我宁愿生病也不愿被禁闭。去感性时间中冲浪，万苦无悔。我将回到童年，像潜水员潜入深水：没有永葆青春泉，我知自己会老去，我要去寻找一种和时间的新关系，那将是普鲁斯特式的时间，另一种人生观的保障。人一生，不是靠多少个小时来计算的，即便是"早夭"。千万别信活一百二十岁就一定是件大好事，停止反复告诫自己不要喝酒不要抽烟，要长生不死。这可恶的计算方式，一味执于时间之长之保险，太累。我不知道二十年后世界会怎么样，也不操心后代们怎么活。儿孙自有儿孙福。他们不需要我们担忧，也不想让我们有负罪感。他们将走过他们的百年，是悲是愁，各有所遇。22世纪孩子们还活着吗？"活着"，但不太健康。"活着"，但不一定富裕、干净、有工资拿。活着，那是孩子的天性：他们哭他们笑，他们悄悄爱上什么，什么都听得见，从不去预测未来，只会在小水坑里弄脏靴子，用沙发上的靠垫砸别人的脸。

"一小时不只是一个小时"，普鲁斯特说。那么一小时会是什么呢？去问相爱的人，问临终之人或病人。正经历的当下与曾经的时光不分彼此，相染并相扰。过去，现在，将来，裹成团埋在库房深处，而后浮上表面。因果律于此处全然无效。不可忽略的，是事物曾有的滋味。如果一辈子我都在计时，事物便会走味，如同货物被贴上过期标签。八十岁时我将会是怎样的呢？我们绝大部分人在生活、工作或做抉择时，心中都为此惴惴不安。我们不想临到死时还在受穷，这有道理，但这个道理会要了卿卿性命。

一小时到底是什么？去问问患老年痴呆症的病人。"一小时不只是一小时……"那是大脑颤抖，无数感觉和图像浮上表层，星云碰撞。阿尔茨海默病患者离《追忆逝水年华》的叙述者很近，最杰出的工程师也没他近。

在普鲁斯特笔下，亡者获新生，成年人又找回童年的焦虑。假若时间是一匹情感织就的布，那么它就绕着我们"任意地"描出一道情感圈，这就是我们所谓的记忆，它用当下为我们的存在着装。我们的"本真"不是别的，只是一个脆弱的自我，无定性，按情感之调门来体验世界。正是这些感性时刻让我们知道自己是谁，而不是我们的那些计划、预测和道理。无定性是因为有冲动。多亏有冲动，我们才走出了一个一切皆可预测的硬邦邦的世界。老年痴呆症化远为近，化过往为此时。老人伤心，因妈妈睡前没来吻他；时间的智慧，今昔不分，有他眼泪为证。

相当恐怖，这种对撞，这种已逝年华与当下此刻在"重现"时光中的同时同在性；"重现"时光，我等无缘，所以害怕。你去了哪里？不知方向，在你记事本里一如在你房间。去了普鲁斯特那里：唯他有能力接待你，唯他能明白你的病揭示了一个真理。

这就是认知时间与情感时间难以分割的真理。唯有皈依情感时间，方能重拾意义，或曰人生意义中的某样东西，让我能够说自己其实并未迷失。大脑让信息具有操作性以方便行动，大脑的这种信息处理与我们的情感世界是如何融合的，这在今天已不是秘密。神经元科学可以解释。鉴于每个科学真理对应于一个心灵挑战，某种前所未闻的东西便显露出来：唯有情爱、信任或关怀的举动，方能减轻疾病的恶果。是皈依的时候了。时间不是用来造、毁、建构概念的，而是让我们有机会拉住某人的手，紧紧握住：不是怕他迷路（人皆在迷途），而是让他真切地感受自己的在，此时此在，才是最根本的。普鲁斯特的全部作品都在这样告诫世人：我所爱所苦所活过的这个世界，就活在我心间，它是我的作品、我的叙事。不存在什么心理剧要进行精神分析，剖析痛苦的种种缘由也没何用，还是重新投入这个完整的、内在的、正在编织着我一生的世界才是正理。

这一奇迹般的（对艺术家而言）但又是很不幸的（对阿尔茨海默病患者而言）皈依让人活在当下。一个纯粹的当下，一个摆脱日期、方向标和社会习俗的当下。每回世界开始呈上无法辨识的符号时，就会有艺术家诞生。时空中的紊乱与相撞，使老年痴呆成为实际生活之患，亦可视为生之病，它最终让人见识到了普鲁斯特的多样真实。无须想过去，过去自喷涌，唯让人产生感觉者方有意义。

父亲的时间

我父亲不知道今天是哪一天，不认识自己的家，找不到自己的房间。我在他的眼光中和笑容中看见了一个新的童年。没有了成人的矫饰。一天上午，我在厨房里冲咖啡，他过来找我。我以为他也想喝点什么，不是，我发现他只是想和我说话。故事，他的故事是这样开始的：

那年他九岁，他的老父亲（我祖父）来学校接他，想给他一个惊喜。可小狄笛叶更希望自己回家，像个大孩子一样，或者和同学一块回家。他父亲眼近视，走路时注意脚下，所以他从父亲身旁过去时假装什么也没看见，结果是他父亲一鼻子撞到学校的栅栏上。六十二年过去了，小男孩自己也成了老人，重温这段时光，他感慨万千又不乏幽默。父亲他什么都记得，一声不吭地闪过人行道上走过来的他的父亲，那种突然间攫住他的奇怪感觉。当时怎么会这样呢？他自己也不清楚，他说当时觉得好丢脸，承认这一点有些过于简单，过于无礼。清晰明了的故事，完整无缺的感受。老先生对此既不要分析也不想搞懂，他只是要再历之，更强烈更真实地再经历一次。这就是他的文化。此事发生在我普罗旺斯家的厨房里，父亲看着我往小篮子里摆樱桃番茄，他似乎迷失在一个和当下断了联系的空间。不过，讲着讲着，他又完全恢复了。他的话语和普鲁斯特的文字一样，将他锚定在一个不那么飘荡的世界。词语选定，嗓音清晰，他为自己的叙事签名。

我一辈子都记得当时的迟疑,令我今天仍有愧的可恨的迟疑,这迟疑告诉我应该如何行事,遇到父亲在他童年地界上摸索时。当时也不过百分之一秒的时间,我一下子的反应便是对自己说:"糟了,开始给我说上小学的事了,又回到童年了,这可怎么得了!"即刻的反应是拒不接受。这反应无异于谋杀。然后我的身心才不做选择地定了下来:听他讲。我作为女儿有义务阅读他生命中的这一个篇章。我敞开心扉倾听他讲述,一段天然去雕饰的回忆。

一个九岁孩子的故事,心有点狠,但却丝毫没有害自己父亲的心。这故事传达了父亲要对我说的意思:"不要为我感到羞愧。不要在街上在生活中见我不理,我不能自理,记不住地方,没办法再去适应,但我没失去对情感的记忆,反而是情感占据了全部的位置。不再有能力一个人出门,但我有感觉,我是人,是动物,是孩子。我很难叫出事物的名字,但我有很多感觉,当我能行动、计算、辩解时,我从未怀疑过它们的强烈程度。这些感觉释放出我的过去,突然涌现的、完整丰满的过去,爸爸、妈妈、戛纳的屋子、小花园,还有鹦鹉。我知道自己与当下有隔阂,但并没有说胡话。我陷入童年就像某些人陷入爱,没什么好害羞的。惊心的下坠,心智的破缺,身体记忆借此表明:心的时间由一些看上去很不起眼的时刻构成,一些纯感性的闪光瞬间。其余的呢?火车时刻表、良好教育和种种概念,皆属于有用的抽象。"

情的时间不好确定,唯赋予它一种表达形式,方能一尝其浓郁液汁。艺术家是每个人的深层天职,有人花一生只为聆听自身创造力的启示。艺术家,人人在骨子里都是艺术家。然而呢,我们往往会停下自己的叙事,活在外在于我们的他域。

重读普鲁斯特谈他父亲的一段话:"父亲身上的那种冷淡只不过是他极其敏感的伪装吗?人性的真实大概具有这种双重性:内心体验的真实和人际关系的真实。人们常用以下字眼来说我父亲:'表面上冷若冰霜,内底里极其敏感;他害臊了,因为自己过于敏感。'过去曾一直觉得这话说得莫名其妙,言不由衷。"[1]

六、付出的时间

下午5:00。那年我十四岁,上一天课回家,累死

---

[1] 普鲁斯特,《追忆逝水年华》第五卷《女囚》,周克希译,译林出版社,2012年;译文有改动。——译注

了。踏上台阶掏钥匙开门，突然间心花怒放如获至宝，心中有个温柔的声音在悄悄地说："她回来了，她在家。"转两圈钥匙开门，那就是个噩梦：回到黑黢黢的无声的房中。我就像是在梦游。她在家，我们的家。我们将相互问好，跟她说说今天都干了什么；我们将一块进厨房，给我拿点什么东西吃。就那么一会会儿就好，无须多讲，然后各干各的。那不是闺蜜，是妈妈。

无须别人告诉我自己有福气：放学回家，家是温柔的眼光而不是空房。在锁中转动一下钥匙，我就能感觉到。在家，就这么简单。平平淡淡几句话，自然而然给出点时间，没丝毫非如此不可的压力。孩子晚上回来，父母在家很重要，且不是为了看着孩子做作业。在家，无紧张感，令其安心。润物细无声的时间，给出但并非刻意，于不知不觉中，那张脸、那身体成为我们那个时刻的心灵支撑。"在家"是孩子的祈求。一如所有令人心碎的祈求，它不是学来的，也不会被说出来。

赞美那些对某人在某时总是"在场"的男女们，赞美他们有始有终。我们付出时间往往以为是借钱吃利息。赞美那些付出时间却不计较的男女们，赞美他们不说自己有失，避免给人造成哪怕一点点压力。他们不声不响，是不留名的献血者。他们不清楚自己给人了什么，也不清楚为什么给。他们只付出，不为钱，也没觉得有什么值得骄傲的。守在病人或临终人（谁又不是？）身边，他们握着一只手，读上几页书，助人喝完一杯水。面对好动多动之人，他们沉静地坐在椅中，在过去与现在之间编织脆弱的纽带。面对哭泣或入睡之人，他们一声不吭。人们有时称他们为"支柱"：承载着摇摇晃晃的建筑，小心扶持，唯恐垮掉。不知不觉中一次次奉献时间，垮掉的或曰熄灭的往往是他们自身。随老年他们放慢步，随少年他们加快步。他们深知"在场"陪伴便是进入对方的节奏，走太快或太急都会与本意相违。他们到场从不"有所图"，即让人欠情欠债，只是要"一块聚聚"。他们的时间是一道佳肴，自己也饿了，大家一齐来分享。也有时饭凉味散，守夜者在病榻旁睡着，妈妈没听见孩子开门的声音。没听见是因为心不在焉，人在心不在。脊柱僵化，为沮丧失落的情绪所据，自忖并不欠别人什么，不必花时间陪伴之。的确，谁也不欠谁的，一切都是自愿。没人说谢谢令他们感到万分失望。

　　谢谢妈妈，我放学回家时在家。谢谢好友，牙疼得要命时一直陪着我。谢谢同事，为我解决时间安排上的困难。谢谢顾客，继续忠实于我们共同的经历。谢谢僧人，每日按时祈祷。谢谢所有不会忘却的人，向曾在但已不在者致意的人。谢谢不看表的人、不辞辛苦移步的人、等人的人。谢谢那无所事事消磨的时光,只是"在家",同室,待在壁炉边上,像真正的农民那样。

七、我有两个未来

"若有人要我为自己未来五年或十年做个规划,我铁定逃之夭夭。但这并不等于说我对自己的未来没兴趣……"

有两个未来,一个规划的未来和一个憧憬的未来。第一个或多或少出于精心设计,与当下实情紧密相连,即在时间线上放置一些阶段性的路标。它要求我们针对未来三年、五年或十年做出一些相对清醒的预测。贷款买房,二十年还清;花上几十年,谋取一个职位:所有这一切,都是在对未来做理性的展望和建构。也是为了把控时间,解灾避难,因为后者总是会有的。暴风雨、心肌梗死、金融危机,都会于刹那间毁掉我们自以为的对未来的保障。不管怎么说,每个人在自己大脑的某个角落里,都会抱有这样一个希望:老年生活平静,不再为吃穿发愁。

这些时间观会占据整个大脑并窒息那终生不息却又

难以预料的呼唤吗？那呼唤为另一种未来所必需。有的国家二十来岁的年轻人便开始操心退休问题，随时准备上街游行以获得起码的生活保障。他们的担忧，没人有权忽视，但这又是一种什么样的时间观呢？不惜一切代价来保证退休后的生存，这绝不应成为年轻人的主流未来观，因为这个年龄正是面朝大海、憧憬远方的时候。前一种时间观属于心已老者，时间无情，空气污浊，无声无息地消磨人的心志，于是他们只知防老，并说这是有理性。

我常问自己为什么对"职业规划"之类的想法如此反感。它并非无益，有助于我们对"自己当下"做总结做定位，继而在时间长链上从头越。它促使我们回顾往昔，从中找出某些线索，教我们停跑以进行反省。问题不在于规划后来是否完成，而在于感知它所载之欲望以及所需之资源。所谓未来，无论表现为一个"商业规划"还是一张白纸，都会提出这样一个恐怖的问题：你到底想要什么？

对此我给出三个答案：

1. 我什么也不期待。不再有欲，只是在假装有而已。

2. 这是我将来要实施的规划和赛事列表。

3. 我期待你。期待你来临，期待你让我喜出望外。在心中悄悄憧憬，像孩子装睡不愿睡，无人知晓。期待你突然降临把我拥怀中。我知道你会欺骗我,但我爱你。明天。我爱这个词语,我试着从口中吐出这个词,并拒绝用羞愧或轻蔑来覆盖昨天和今天。明天是未来诵出的诗,却常常被我窒息在枕下。

去马蒂斯画中找灵感

"闲暇时,完全放松,创造便会在此气氛中诞生,如闪电刹那划过长空…… 即便是在最散漫的日子里,也要保持心扉敞开,无拘无束,敏锐敞亮,随时准备接收信号。我的航海日志始终是打开的,一张白纸迎新日。"[1]

有朋友想帮我更好地看清未来,我常会这样回答他们:"我没一点灵感,以后再说吧。"那么,去哪里找灵感?

少时我常去旺克小教堂,选个椅子坐下休息。小教堂全部由马蒂斯设计装饰。袖珍小教堂沐浴在阳光下,在里边我获得过很多启迪,明白了时、空相通的道理。尽管很小,旺克小教堂在精神辐射上丝毫不亚于一座主教座堂(cathédrale)。我坐在里边的时间从来不超过一个小时。说到底,进入无限之状态花不了多少时间,只需跟

---

[1] Henri Matisse, *Propos et écrits sur l'art*(马蒂斯:《关于艺术的言辞与文字》)。

随心中的那条线，但不是直线而是柔和的曲线。马蒂斯画下一笔，就有一圣人现身。去哪里找灵感？街上，乡下，博物馆，或淋浴时？我生命中还存在接受灵感的空位吗？

画家年老病重，却仍日日创新乐此不疲。二十五年前，塔希提岛的阳光让他心醉神迷；在生命的尾声，这阳光从他体内喷涌而出洒向画布。剪刀直裁色彩。《蓝色裸体》《忧愁的国王》《大洋洲》……马蒂斯与乔托、拜占斯相会。旺克小教堂对着蓝色大清真寺微笑。时间不再是一条线，而是一声遥远的呼唤，穿过多个世纪和多种文化的回声。

从理性出发，把未来当作一个概念或观念，这种未来让我感到害怕。再也没必要大摇黑旗为之加油添醋了。这未来满是疑问，闪着虚光。害怕未来是没有用的，该来的终归会来。然而，若我憧憬之向往之，"一张白纸迎新日"，则会生出迎接未来的欲望。迎向未来，期待意外，它代表着命运的反面。不要关上生命的门窗。不要对自己说世界正奔向灾难。敢于给自己自由，因为"自由是一种感觉。可以呼吸到。想到自身是自由身，眼前的未来便海阔天空。它让胸肺扩展到极致，无以言状的内在双翼托我们拔地上青云。就着宇宙之泉，吸养分延生命的泉源，我们深深地、大大地吸一口清气，身心得自由，胸中涨满自己的真心意，获得再生的甜美。是自己的主人。各种期许之机遇及计划，都在自己身上一一尝试。重悟言语的完整性。与人言或与己说，已无分别。千万不要退着进入未来"[1]。

幻相无相

像母亲等宝宝出生那样等待未来：并非什么都不干，而是满怀信任地怀着他，舍掉想"见"的念头。展望未来的规划一点用也没有吗？如果说投影未来会加强我们对支配时间的需要，那么这些规划就等于补偿性的理论练习。预估、统计、探测，皆属此列。若反之，如苏格拉底派的展望学领英让－丹尼尔·雷蒙德[2]所表达的那样，对未来的展望有助于从或然过渡到念想，有助于内心愿望的深化，进而表达自我，于是乎它才真是人之必需。人欲深埋心底。我们学会压抑欲望，有集体原因也有个人原因。所以于此也必须深化，进入一个长长的私密时间，从中有可能涌现出兴味，对未来的深埋在心底欲念中的兴味。

---

1 Paul Valéry, *Regards sur le monde actuel*（保尔·瓦雷里：《当今世界面面观》），op. cit., p.305.
2 Jean-Daniel Remond，展望学专家兼领英，有专著 *Les Enfants de Socrate, une autre approche du coaching*（《苏格拉底的孩子们，另一种领英方法》），Le Publieur, 2015.

未来是可感知的，它是口中的特别的味道，恐惧、渴望，或者说欲望的味道。具有悖论意味的是，被我们称为有看见未来本事的人，往往"看不见"现在。仿佛在他们心中早就预存了一幅未来的图景，那图景既让他们惶惶不安，也给他们指引方向，使之跃跃欲试。

1940年6月18日，一个男人大声呼喊。[1]不为求救，恰恰相反，只为呼唤法国人站立起来。他不知未来会怎样，也没能力去想象将发生的种种，冒着失去他所率领的部队的危险。这呼喊其实就是未来的召唤，在他心中战栗，是母亲也是女儿，他的祖国，他的法兰西。这个男人代表一种文化，他行动他期待。在行动中殷殷期盼，直觉使之坚定，摆脱当下军务，得自由。期待中他未停止行动，那与其说是上天赋予他的远见，还不如说是心中一直存有的价值，早在1940年大溃败前就坚如磐石的价值。军务繁重无闲暇，但他不急。他不知道什么时候响起终了的钟声，只知道人类的道路不可能是集体疯狂的仇恨路；未来若是有张脸，那只能是生命之脸。

毫无疑问，这就是他呼喊声中的所含之意，生命的呼喊，也有撕心裂肺时。他呼唤我们不要屈服，拒绝轻易放弃，拒绝诸如此类的说法泛起在生命的底部："太晚

---

[1] 指戴高乐的《告法国人民书》。——译注

了,来不及了,已写就了……"

还等什么?上述问题把我们导向精神的愿景,它迫使我们做一区分,区分什么是自己真正的期盼,什么只不过是无谓的担忧。唯有精神的期盼,方能解去对未来的担忧,因为"期待者,就其最高级义而言,离所期待者并不远。因为绝对认真的期待者,其心已有所属。耐心等待的人已经获得了被期待之人所赋予的能量"[1]。

八、向流逝的时间祈祷

别来烦我,让我静静。见我这会儿不需要你,你感到惊讶。是的,我遣走你,态度和蔼,彬彬有礼,一点儿也不像是扔掉一件旧衬衫,更像是妈妈离开孩子的卧室,在孩子额上轻轻一吻。我将去你的思想深处找我所爱,找那能让我获得生机的东西。我假装不看表。全力深化。

---

[1] Paul Tillich(田利克,德国神学家,1886—1965;1933年逃离德国去到美国,曾在哈佛大学和芝加哥大学任教——译注),*Les fondations sont ébranlées*(《基础已被动摇》),Robert Morel, 1967, p. 206.

你太强大,就是遣走了也让我不住地想起。流逝的时间。

你把我的脸庞当门敲,弄痛了我,对我说赶不上趟了。让我确信我思念你,一次又一次,求而不得,以致无爱。你一毛不拔却又无比慷慨。不断诱惑我,催我奔跑。

即使波德莱尔和他的时钟不高兴,我也不会妥协。让害怕未来的疲惫者不乐意,让及时行乐的家伙们不爽,与我何干?后者围着火取暖,火却一次次地熄灭。

吐纳。是的,通过呼吸我坚持不妥协。我将思考、祈祷、居于静。我将尽力在信任中老去。

我要把时间变成我的情人,迎接他进入我且不害羞。我们将有规律地幽会。内在的时间。

我将停止说自己不会思考,不会爱不会创造。停止说这些没有用的。停止规划未来。我将忘掉伊妹儿,登飞毯乘风。我要找到一个与世界建立联系的触点,一个看不见摸不着的要点,它相当于中国针灸的穴位,能刺激生机。精神的时间。

我要拷问自己的生活,且不用分析法。我要与之对话,请它告诉我为什么我生在此间。当然不会有答,但我却能感到某种位移,精神上的位移,我开始变得不那么麻木。我将进入时间本身。精神的时间。没有分、秒、小时刻度的时间。内心深处一阵悸动，重新浮上表面，我将向时间你致敬，请你不要再离我而去。永恒的时间。

九、倦鸟恋巢、及时行乐或满腔热血

德日进写过一本谈幸福的小册子[1]，说是存在着一种"无边无际的快乐"，切实且华丽，这快乐会降临吗？

倦鸟恋巢、及时行乐或满腔热血，三种情态，我们每个人在不同的时刻体验过，现在我是什么状态？如果说我们对生活的态度基本上受这三种情态支配，那么它们正好反映了西方语言的时间观：过去、现在与将来。

生命好比是登山冒险。根据人们对过去、现在与将来的三种截然不同的态度，德日进设想出三种不同类型的进山人。1943年12月28日他在北京做了一场讲座，介绍了这些观点。

厌倦者后悔不该离店，旅店里曾经是那么安逸；过

---

[1] Pierre Teilhard de Chardin（德日进，耶稣会士，1881—1995），*Sur le bonheur. Sur l'amour*（《论幸福，论爱情》），Editions Points, collection sagesses, 2004, 2015.

去离得越远就越被人理想化,像磁铁一样吸引他。大山所许诺之未来,要爬过种种悬崖峭壁,险峰窄道,想着就害怕。于是他心中生出一个念头:还是归去吧,去过一种更平静、节奏更慢但更安逸的生活。他们也在动,却是踏上回程。他们害怕错过,想到有那么多人进山,就说还是不要去破坏风景了。他们的每个决定都遵循着小心无大错的原则,其中所含有的悲观意味,无须明言。为什么不呢?有用吗?这险冒得太大了吧,会要命的!他们不怕死,却怕生。他们心已老,只配站在桌边上看别人赌人生。

"一般说来,败坏我们幸福感的,就是那种接近看穿、接近探底、兴趣不再的感觉:苦离别,愁衰去,忧时间之飞逝,惧所拥之脆弱,我们之所是和所爱,转眼见底,令人怅然……"[1]

此话我深以为然。一个个小时一分分钟,机械地排队成串闪去;四顾茫然间,我们会觉得自己一无是处,还有未来的面孔在凶巴巴地逼近,窥视着我们。我们每个人都多多少少地知道这种厌倦感会以何种伪装形式出

---

[1] Pierre Teilhard de Chardin(德日进,耶稣会士,1881—1995),*Sur le bonheur. Sur l'amour*(《论幸福,论爱情》),Editions Points, collection sagesses, 2004, 2015.

现。失去勇气,赖床不起,答非所问,说定了又改口,眼盯着却什么也没看……可能谁也不会发现什么。我这是要捍卫大山的原生态,我编个漂亮故事,一个失乐园,所以不进反归;说到底,我将不再有拥抱新生事物的激情。精心为自己构建许多个藏匿所,尽量长时间地缩在里边不出来。

终于有一日,我站起来,出发进山,半道上慷慨的太阳予我以勇气,一道走的朋友们说说笑笑,我觉得前所未有地充实,决定好好享受当下,无比珍贵的当下。"当下"是我的场,再无所憾;我不会费心计划去登峰,那些在假定中存在但眼睛还看不到的山峰。幸福连串来。及时行乐者的 Carpe diem(活在当下)。若灾祸突至,我转身就逃,躲进一个豪华宾馆去喝点香槟。将发生何事,我比谁都清楚。

除非……内心燃烧着某种激情,切实感到那山在召唤。大山接待我,不是向我挑战,也不是和笼罩我的悲观情绪算账,山等着我是因为我属于山,山在胸中,生机勃发,慷慨光灿。山叫我别急,有时间。纵向的时间:我在心中往上攀援,登顶找回我所爱的人,在世的和不在世的。我需要努力辨明方向,因为未来既在我之外,又在我之内,还在我之上。为这一纵向时间留出空间，人就握住了幸福的钥匙。那山，自由的王国，青春与沧桑并存，让我体会到无边无际的快乐。无论对过往还是对未来，我都没有那么害怕了。火在燃烧，照亮前路；人若看表，火便熄灭。我将试着攀援山道，不看表，也不看路标，按照其他登山人的节奏前进。觉得自己像是孤零零一人在船上，眼前白茫茫什么也不见。胸中有热血的人数，一定远超一般人的想象。时间的含蓄智慧。

结　语

　　德日进在北京做这场讲座，岂是偶然？他深知时间不是一条抽象的直线，而是有起伏的曲线，人对生命的视角是不一样的，就看你从哪个角度往山下鸟瞰。他觉得时间如仁爱，是宇宙能量，引导我们进化，为我们身体指向。是倦鸟恋巢、及时行乐还是满腔热血，我们每个人都必须时不时地打破已有的平衡，就如登山者，不会始终守着同质的时间，要经常换一下爬坡的节奏。愿及时行乐者不要忘了向往绝对，愿胸怀激荡者明了颓废之无力、消沉之真切，愿厌倦者体会到当下的能量和永恒的喜悦。倦鸟恋巢、及时行乐或满腔热血：这些描述从未标榜自己属于某种概念体系的科学分类，却更像是一个警醒世人如何选路的先知预言。我们需要灵活，需要开放，各种状态我们每人都将经历。唯一的问题反而在于：哪种情态我们最少习练？

　　中国人对时间的态度非常灵活，那是一件很自然的事，因为他们的灵活不系于概念设计，而是来自感性经验或战争经验，此类经验他们代代相传：针灸的时间、书法的时间、军事家的时间，或庄稼生长的时间，无一不继续存在于忙碌的中国人的头脑中，其形式与其说是竞争型的还不如说是共存型的。他们更习惯不确定而不是武断，更习惯未来而不是过去。这种对事对人的极为灵活，我们与其站得远远地看着甚至担心着，还不如想办法接受之。唯有不把时间当作一个问题，方能像中国人一样变换时间。作为个体，今天，这种理性时间的表征方式让我们很难受，在组织上、在机构中。在政治、经济领域，当然也在跨文化领域，有必要进行一次清醒的对话：不要因为一切在加速就认为自己身在迷途，反之也不要因为高科技就相信长生已成真。有必要质疑我们生活的节奏，随时停一停，从单一时间过渡到多样时间。头脑清醒，其表现有时极为幼稚，但做出这一选择就能获得了另一种时间（作为助益力量的多样性时间）的视角，进入一种顺畅不做作的灵动态，舞蹈家的灵动态。尼采也曾提醒说，我们"与学者不一样"，"我们的要务一直是：切勿把自己的角色弄混，尽管我们也须博闻强记，但与学者是不一样的。我们需求不同，成长不同，消化也不同。我们有时需要更多，有时又需要更少。一位天才需要多少营养，是没有定则的。倘若他的兴趣旨在独立、旅行、来去匆匆，可能还有探险——这些只有行动迅捷者方能胜任，那么，他还是宁可活得自由些、食谱窄一些为好，以摒弃羁绊和窒碍。一个优秀的舞蹈家向营养索要的不是脂肪，而是最大的柔韧性和力量。我不知道，哲学家的思想所渴求的东西与优秀舞蹈家的有何不同"[1]。

照此说来，无论属于哪种文化，都有着同样的风险，而且随着时间的加快，即更快速地进入数字化即时性，这风险越来越大：一味囿于数字化群舞，过于追求即时性，结果就是变成毫无舞蹈艺术性的机械舞蹈。忘却了可分享的、感性的和精神的时间，必将危害人生之美和文明之伟。要知道，正是这种看不见却人人能感到、无量具却人人在接收的时间，滋养了个体与民族，授之以创新智慧、理解能力和对己对人的尊重。我们所编织所接受所理解的，皆从属于一个看不见的时间，我们永远无法掌控之。有意去感受这看不见的时间，就更容易放下，更容易获得那种为我们西方人所缺的中国人的灵活性。

作为柯罗诺斯[2]的儿女，生来就是来受苦的，这毋庸置疑，但我们也有能力诉诸他宗，获得其他的文化传承。

---

[1] 尼采，《快乐的知识》，第 381 节；黄明嘉译，中央编译出版社，2009。
[2] 古希腊神话中的原始神，代表根源和时间。——译注

到我们的文化中、内心的历程中、生活为我们预备的种种险境或奇遇中去,我们将汲取到无穷无尽的灵感。

2017 年 2 月
于北京

彩图

彩图 1
戈雅（Lucientes Goya，1746—1828），《理性沉睡，心魔生焉》
(*Le sommeil de la raison engendre des monstres*，1797—1799)

彩图 2

彼得·布鲁盖尔（Pieter Bruegel，1525—1569），
《伊卡洛斯的坠落》（*La chute d'Icare*，1558）

彩图 3

汉斯·荷尔拜因（Hans Holbein，1497—1543），《法国两使节》（*Les Amabssadeurs*，1533）

彩图 4

塞尚 (Paul Cézanne, 1839—1906),《圣山》
(*La montagne sainte Victoire*, 1885—1887)